エイジシュート達成を目指せ!

50歳からの

科学的ゴルフ上達法

板橋 繁

JN113962

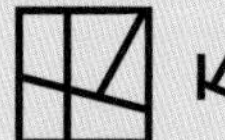
KODANSHA

装幀・本文デザイン／鈴木颯八
写真撮影・動画制作／浜村達也
編集協力／水品壽孝
モデル／末永稜

CONTENTS

はじめに 7

PART 1 日本で通説になっている「間違いゴルフスイング」 10

日本における通説の間違い① 体の正面で手を返せ! 12
日本における通説の間違い② グリップでは、左手の小指、薬指、中指の3本でしっかりとクラブをつかみ、雑巾を絞るように握れ! 14
日本における通説の間違い③ バックスイングはフェースをボールに向けながらシャットに上げる 16
日本における通説の間違い④ トップでは左ひじを曲げずにまっすぐ伸ばす 18
日本における通説の間違い⑤ スイング中、頭を動かすな! 20
日本における通説の間違い⑥ インサイドアウトに振れ! 22
日本における通説の間違い⑦ ベタ足で打て! 24
日本における通説の間違い⑧ 地面反力(反床力)を使え! 26
日本における通説の間違い⑨ 左サイドの壁を作れ! 28
日本式ゴルフスイングの弊害 30

PART 2 これが世界標準！「G1スイング」徹底解説 32

世界標準① グリップ 34
世界標準② 始動〜テイクバック 36
世界標準③ トップ〜切り返し 38
世界標準④ ダウンスイング〜インパクト 41
世界標準⑤ フォロースルー〜フィニッシュ 44
世界標準⑥ スパイラルターン ―― らせん状に落下するクラブ 46

PART 3 最速で「世界標準のスイング」を習得するドリル 48

ドリル① つま先立ち体操 ―― 浮き指が治る 50
ドリル② 姿勢矯正体操 ―― 巻き肩・反り腰に効く 52
ドリル③ ヤジロベエドリル ―― 体が入る感覚をつかむ 54

ドリル④ メリーゴーラウンドドリル——手打ち防止に効果あり 56
ドリル⑤ 胸を引っ込めるドリル——スイングのきっかけを作る 58
ドリル⑥ バックスイングドリル1——オープンバックの感覚をつかむ 60
ドリル⑦ バックスイングドリル2——左サイドを入れる 62
ドリル⑧ 体側ストレッチドリル——シニアのための捻転作り 64
ドリル⑨ 大胸筋ストレッチドリル1——捻転を深くする 66
ドリル⑩ 大胸筋ストレッチドリル2——捻転をさらに深くする 68
ドリル⑪ はたきドリル——スイング出力を強化する 70
ドリル⑫ カバーリングドリル——体圧で飛距離アップ 72
ドリル⑬ 板挟みドリル——回転力強化とスウェー防止 74
ドリル⑭ ハンドルドリル——右ハンドルでリストターン防止 78
ドリル⑮ ライトハンドドリル1——右手は体に巻きつけろ 82
ドリル⑯ ライトハンドドリル2——切り返し即インパクト! 86
ドリル⑰ ライトハンドドリル3——クラブを体から離さない 88
ドリル⑱ スパイラルターンドリル1——クラブはどう動くのか? 90
ドリル⑲ スパイラルターンドリル2——腕を振らない、おろさない 92
ドリル⑳ 後半加速ドリル1——ヘッドスピードが上がる 94
ドリル㉑ 後半加速ドリル2——シニアから飛距離を伸ばす 96

PART 4 最速で「世界標準のスイング」を習得するストレッチ 100

ストレッチ① 全身のストレッチ（体側、胸、背中、腰、太腿の裏側のストレッチ） 102
ストレッチ② 首のストレッチ1（ストレートネックと猫背予防） 106
ストレッチ③ 首のストレッチ2（首の側方と後方のストレッチ） 108
ストレッチ④ 肩まわりと指のストレッチ（巻き肩と腱鞘炎・ばね指の矯正・予防） 110
ストレッチ⑤ 肩甲骨まわりのストレッチ 112
ストレッチ⑥ 体幹のストレッチ1（広背筋、腹斜筋、肋間筋のストレッチ） 114
ストレッチ⑦ 体幹のストレッチ2（腰まわりのストレッチと腹筋の強化） 116
ストレッチ⑧ 下半身のストレッチ1（お尻と太腿の裏側のストレッチ） 118
ストレッチ⑨ 下半身のストレッチ2（お尻と太腿の裏側とふくらはぎのストレッチ） 120
ストレッチ⑩ 股関節のストレッチ1（太腿の回旋） 122
ストレッチ⑪ 股関節のストレッチ2（股関節のストレッチと足の強化） 124

特設サイトを活用しよう！ 126

はじめに
Introduction

70歳以上、41・9%――。

この数字が何を意味するかをご存じでしょうか？　じつはこれ、ゴルフをやめてしまった70歳以上の男性のなかで、その理由として「健康を害した」ことを挙げた人の割合です（北徹朗、森正明「ゴルファーの離反理由に関する研究――2020東京五輪に向けたゴルフ市場活性化への提言」）。つまり、70歳を過ぎてゴルフをやめてしまった人のうち、4割以上は「ゴルフをやりたくても、ケガや病気のためにできなくなってしまった」ということです。

ゴルフは、歩くことがメインのスポーツです。実際にプレーをする時間は少なく、運動自体の強度も、ほかのスポーツと比べてハードではありません。その特性から、高齢になっても楽しめる「生涯スポーツ」の代表格と言われてきました。しかし、残念ながら、ケガや病気を理由にゴルフから離れてしまう人が多いのが現実なのです。

私は、その原因の一つに、ゴルフスイングに対する日本の〝間違った解釈〟があると考えています。間違った動きを正しいゴルフスイングと信じて長年やり続けてきた結果、体に過剰な負担がかかり、ケガにつながっている――そう思われてもしかたありません。

私は、1995年に渡豪して以来、約30年にわたってゴルフの最先端をいくオーストラリアで最新の理論を学びながら、トッププロからアマチュアまで、さまざまなゴルファーの指導をしてきました。

長年にわたって培ってきたスイング理論（私が主宰するゴールドワンゴルフスクールの名前から「G1メソッド」とよんでいます）を体系化し、2019年4月に『世界標準のスイングが身につく科学的ゴルフ上達法』（講談社ブルーバックス）を出版すると、おかげさまで多くの方に関心をもっていただき、2020年6月に発行された『世界標準のスイングが身につく科学的ゴルフ上達法　実践編』とあわせ、シリーズの累計部数は12万部を突破しました。これは、それだけ多くの人が、これまで日本で教わってきたゴルフスイングに疑問をもたれている証左だと思います。

ゴルファー垂涎の3要素を実現するスイング

私が教えているスイングを一言で表せば、「体を効率的に使い、クラブの自由性を活かした、体に優しいスイング」です。では、「クラブの自由性」とは何でしょうか。それは、クラブのもっている物理的な法則のことです。

クラブのグリップエンドを片手でつまみ、クラブヘッドを下にして上から吊るしてみてください。次にクラブヘッドをもう片方の手でつかみ、シャフトが地面と平行になるまで持ち上げます。その状態で、クラブヘッドから手を離すとどうなるでしょうか？

位置エネルギーをもつクラブヘッドは地面に向かって速度を上げながら落下していき、最下点に達すると、慣性の法則で上昇していきます。これがクラブの物理法則、すなわち自由性です。私が教えているスイングは、このクラブの自由性を極力損なわないように体を動かしてボールを飛ばそうというスイングなのです。クラブの動きに逆らうことをしないので、当然、体にも負担がかかりません。

この世界標準のスイングをマスターすれば、すべてのゴルファーが求める三つの要素、すなわち「まっすぐ飛ばす（方向性）」「遠くに飛ばす（飛距離）」「ケガをしにくい（安全性）」のすべてを実現できます。

とりわけ「ケガをしにくい」という点に関しては、生涯にわたって長くゴルフを続けるために絶対に欠かせません。前述したとおり、ケガを理由にゴルフから離れていく人が非常に多いからです。

また、なかには「昔みたいに飛ばなくなって、ゴルフがつまらなくなった」という理由からゴルフをやめてしまう人もいらっしゃいます。飛距離は人をゴルフに惹きつける大きな要素です。「いくつになっても飛ばしたい」――誰もがそう願うことでしょう。

私は、せっかく始められたゴルフを、ケガや飛ばなくなったことを理由にやめてほしくありません。そこで本書では、主として50歳以上のゴルファー向けに、私が日々、実践しているレッスンを特別に公開したいと思います。

私のレッスンには、シルバー世代の方もたくさん来られますが、みなさん、「何発打っても疲れなくなった」「ラウンド翌日も体が痛くなくなった」などと口をそろえます。また、たった1回のレッスンで20～30ヤードも飛距離アップを実現させる方も少なくありません。私のレッスンが、「板橋マジック」とよばれる所以です。

目標はエイジシュート

今回の本では、実際にレッスンを受けてくださっているみなさんと同じように、読者の方々に「体に優しく、かつ、飛んで曲がらないスイング」を身につけていただき、できるだけ長く、楽しくゴルフを続けてもらうことを主眼としています。

そのために、本書では「エイジシュートの達成」という明確な目標を設定しました。

ご存じのとおり、エイジシュートとは、18ホールを自分の年齢以下のスコアで回ることを指します。18ホールは通常パー72なので、72歳以上の人がパープレーで上がれば、エイジシュート達成となるわけです。

しかし、一般のアマチュアが70歳を過ぎてパープレーで回ることは至難の業です。ですから、実際には80歳前後の年齢からエイジシュートの達成者が増えてくるようです。つまり、80歳前後までゴルフを続けることが、エイジシュート達成の必要条件となります。

また、エイジシュートを達成するためには、ただ続けていればいいというわけではありません。加齢による飛距離の低下を最低限に抑えるとともに、ショットの確実性や方向性を維持する必要があるからです。

逆に言えば、ケガをしにくいスイングを身につけ、年をとっても飛び、曲がらないボールを打つことができれば、エイジシュートの夢は限りなく現実に近づきます。

実際にG1の生徒さんにはエイジシュートを達成した方が大勢います。なかには3日間連続してエイジシュートを達成した鉄人もいました。その原動力になっているのがG1の体に負担の少ない回転スイングです。G1が公開しているSNSの動画をご覧ください。80代の生徒さんたちの、フィニッシュまできれいに振り切れた力強いスイングを見ることができます。これを見て、「いまからでも遅くない。自分も変われる」と、70～80代の参加者が後を絶ちません。

50歳から始める ドリルとストレッチ

本書では、そのエイジシュート達成を目指します。PART1では、これまで通説になっていた日本のゴルフスイングの間違いについて解説します。日本では通説とされてきたこれらの教えは、欧米ではスポーツ障害を起こしやすい動作（Injury Task）として列挙されています。

実際、「体の回転をブロックし、体の正面でリストターンをおこなう」など、間違った動きをすることで体を痛めているゴルファーは少なくありません。PART1を読み、どうしてケガをしてしまうのか、そのメカニズムを理解したうえで、自分のスイングに間違った動きがあるかどうかを確認していただきたいと思います。

PART2では、50代以上のゴルファーにぜひ実践してほしいスイングを明らかにします。体に優しく、飛んで曲がらないスイングとはどのようなものなのか。野球や柔道など、ほかのスポーツの動きとの類似性を挙げながら、スイングの一連の流れを詳しく解説していきます。

PART3では、その体に優しく、飛んで曲がらないスイングを身につけるため、50代以上の人にぜひやってほしいドリルを紹介します。

先に掲げた既刊2冊では、世界標準のスイングを身につけるためのメソッド＝「G1メソッド」について詳しく解説しましたが、その際、対象年齢は特に設定しませんでした。しかし、人の体は十人十色です。年齢によって筋力も違えば、柔軟性も違います。そこで、今回は特に50代以上の人に取り組んでいただきたいドリルを厳選しました。体の使い方を覚えるための基礎的なドリルから、道具を使ったより実践的なドリルまで、さまざまなドリルを紹介しています。

PART4では、私たちが日々のレッスンで生徒さんたちに実践してもらっているストレッチを紹介します。ゴルフスイングに欠かせない筋肉や関節を的確にストレッチすることで、世界標準のスイングの習得を助けると同時に、ケガを防止することが目的です。

繰り返しになりますが、私はみなさんに高齢になってもゴルフを諦めてほしくありません。ぜひ本書を参考に、体に優しく、飛んで曲がらないスイングを構築し、エイジシュートの夢にチャレンジしていただきたいと思います。

２０２４年４月吉日

板橋 繁

「やってはいけない動き」をしている人が多すぎる！

驚かれるかもしれませんが、日本とオーストラリアでは、ゴルフスイングの指導法がまったく異なります。

たとえば、日本では「インパクトはアドレスの再現」という表現をよく耳にします。体の回転を止めて左サイドに壁を作り、体の正面で腕を返してヘッドを走らせてボールをつかまえる——そういう考え方が主流を占めていると思います。

しかし、残念ながら、オーストラリアでは、この打ち方は「手打ち」とよばれ、〝悪いスイング〟とされています。なぜでしょうか？

この打ち方は、グリップを支点としてクラブを振り子のように使うスイングであるため、手を返すタイミングが重要なポイントとなります。いわゆる「当てカン」を養うために、トラック1台分ものボールを打つ練習をしてスイングを固めないと、身につきません。

また、体の正面でクラブが体の回転を追い越していくスイングは、クラブの動きと体の動きに逆方向のベクトルが生じ、腰や背中、首、ひじなどへの負担が増加します。スポーツ障害の誘発要因となってしまうことも、〝悪いスイング〟とされる理由です。

同じようにオーストラリアではゴルフスイングにおいてやってはいけないとされながら、日本ではゴルフスイングの通説になっているものがたくさんあります。私のレッスンでは、そのような日本のゴルファーのみなさんが必死になって取り組んでいることとは正反対のことを教えて、成功しています。

この章では、日本のゴルフの間違った教えのなかから九つの通説を採り上げ、なぜやってはいけないのかを詳しく解説していきます。

同時に、G1メソッドのスイングとはどのようなものなのか、わかりやすく紹介します。

どれも日本のレッスンでは、当たり前のように教えられていることばかりです。まずはいままでのセオリーを頭から捨て去り、エイジシュート達成に向けて新しいチャレンジを始めましょう。

PART 1

日本で通説になっている「間違いゴルフスイング」

Error

Error ×

日本における通説の間違い

体の正面で手を返せ！

初めて私のレッスンに来られる方は、百パーセント手の返しに頼ったスイングをしています。体の正面で手を返し、フォロースルーでは右手が左手の上にきます。

「どのレッスンに行ってもこう教えられた」――みなさんそう口をそろえます。私自身も、ゴルフを始めたときに「左サイドで壁を作り、体の正面でグリップを支点に手を返せ」と教わりました。「この動きができないとボールをつかまえることができず、振り遅れて右に飛んでしまう」と頭に刷り込まれたのです。まさに、日本のゴルフスイングの象徴と言っていい動きで

× BAD

体の正面で手を返す

しょう。

いまだに「手を返さないと飛ばない」と勘違いしているゴルファーは少なくありません。しかし、グリップを支点にして手を返すこの動きは、欧米では「ターンオーバー」とよばれ、「やってはいけない動作」の一つとされています。なぜなら、この動きはケガに直結するからです。

体の回転を止めて、体の正面で手を返す打ち方は、腰に大きな負担がかかります。ターゲット方向に加速していくヘッドに逆行して体の回転を止めるからです。いかにも飛びそうな気がしますが、体への負担は並大抵ではありません。その結果、腰や背中を痛め、最悪の場合にはゴルフができなくなってしまいます。手を返す動作はスポーツ障害に結びつく動きなので、絶対にやめてください。

また、手首を返してしまうと、クラブのフェース面がどちらを向いているかがわからなくなるため、フェースにボールを載せて運ぶこともできません。インパクトが点になってしまうため、ボールコントロールという観点からも避けたい動きの一つと言えます。

いまのトッププロたちは、男子、女子を問わず、フォローでグリップが低い位置に抜けていきます。これは、手の返しに頼っていない証拠です。手を返してしまうと、フォローでグリップが高い位置に上がり、フィニッシュではクラブのシャフトが背中に当たります。フィニッシュでシャフトが背中に当たってしまう人は、確実に手を返すスイングをしています。心当たりのある方は注意してください。

○ GOOD 手は返さない・正しいイメージ

Error ×

日本における通説の間違い ❷

グリップでは、左手の小指、薬指、中指の3本でしっかりとクラブをつかみ、雑巾を絞るように握れ！

ゴルフ歴の長いベテランゴルファーによくみられる間違いです。私のゴルフスクールに来られる生徒さんにも、爪が白くなるくらい左手の小指、薬指、中指の3本をギュッと握っているベテランゴルファーが少なくありません。なぜでしょうか？それはゴルフを始めた頃に、ヘッドが小さくて重いクラブを使っていたからです。

50代から団塊の世代にかけての方々がゴルフを始めた頃のドライバーは、パーシモンやステンレスメタルのクラブヘッドが主流でした。ヘッドはいまよりもずっと小さく、その体積は現在のドライバーの3分の1〜半分程度しかありませんでした。一方、クラブの総重量はいまよりも100g近く重かった。重く、ヘッドが小さいドライバーでボールを引っぱたいていたわけです。

そのため、ボールに当たり負けしないように「左手の小指、薬指、中指の3本はしっかり握りなさい」と、レッスンでも教えていました。実際、そうした指導を受けた人も多いと思います。

しかし、じつはそれは間違った教えでした。なぜなら、クラブをギュッと握ってしまうと、クラブの自由性（慣性）を阻害してしまうからです。

ボールに当たり負けしないようにしっかりと握るのか、それとも、クラブの自由性（慣性）を妨げないように柔らかく持つのか。現在の世界標準のレッスンでは、クラブにしっかりと仕事をしてもらうことに主眼を置き、後者のグリップ、すなわち、クラブの自由性（慣性）を妨げないように柔らかく持つグリップを勧めています。クラブヘッドの慣性に任せて、能動的にクラブを大きく動かさないほうが動作に一貫性があり、体の回転がスムーズになるからです。

その結果、ヘッドスピード、ミート率ともに効率よくアップします。いまのクラブはヘッドの大型化により慣性モーメントが格段に大きくなっているため、芯を外してインパクトしてもフェースの向きが変わりにくい設計になっています。そういうクラブをしっかりと握り、能動的に動かそうとすると、逆にインパクトが不安定になり、ボ

× BAD
3本の指を強く握る

ールが曲がってしまいます。

もう一つ、当時よく言われたのが、「グリップは雑巾を絞るように握れ」ということです。これは、あるインパクトのイメージから導き出された指導法でした。すなわち、「インパクトでは少しハンドファーストの形になってクラブのロフトが立ち、フェース面はボールに対して直角に当たる」というイメージです。実際、ほとんどのレッスン書にそう書かれていました。

そのインパクトのイメージを再現するために、クラブのフェース面をマットの角などに押し当て、グリップが少しだけ先行したハンドファーストの形を作った経験がある方も少なくないでしょう。

では、そのときグリップはどのような形になっていたでしょうか。右手の人差し指と親指との間がギュッと締まり、右手首が甲側に折れ曲がっていませんでしたか？ そうです。このグ

○ ✕ GOOD BAD
雑巾を絞るように握る G1メソッドのグリップ

リップの形こそが、まさに「雑巾を絞る」イメージなのです。

しかし、この「雑巾を絞るように握れ」という教えも、お勧めできません。雑巾を絞るようにクラブを握り、このインパクトのイメージを再現しようとすると、フェース面が変わらないようにクラブをまっすぐ後方に長く引き、両ひじを伸ばして両腕が作る三角形を崩さないように、できるだけ大きなスイングアークで高いトップを作ろうとします。その結果、クラブフェースは閉じたままシャットに上がっていきます。

「クラブの慣性を妨げない」という観点からすると、クラブをシャットに上げる動作はNGです。せっかく体の回転に沿ってクラブが動こうとしているのに、クラブをシャットに上げてしまうと体が回らず、クラブの動きを止めてしまいます。雑巾を絞るようにクラブを握っている方はいますぐやめましょう。

Error ✕

日本における通説の間違い ❸

バックスイングはフェースをボールに向けながらシャットに上げる

「左手にはめている腕時計の文字盤が自分から見えないようにクラブを上げていけ！」

そんな言葉でバックスイングを教わったことはありませんか？　バックスイング中、腕時計の文字盤が見えないということは左手の甲がボール方向を向き続けるということです。当然、クラブフェースもボールのほうを向き続けるので、フェースが閉じたシャットフェースの状態になっています。

30〜40年前のゴルフ理論では、シャットフェースでクラブを上げていくのが正しいテイクバックとされていたのです。

前述したとおり、私はこのシャットフェースのテイクバックを推奨していません。ところが、最近のアマチュアの人たちのスイングを観察すると、その傾向はむしろ強まっている気がします。ここ数年、レッスンに来られた方のスイングを見ても、シャットフェースでアウトサイドにヘッドを上げていく人が目立つようになりました。その理由はおそらく、「シャットフェース＆レイドオフ」のトップが、トッププロたちの間で流行っている影響だと思います。

レイドオフというのは、右打ちの場合にトップのポジションでクラブが飛球線と平行ではなく、クラブヘッドが飛球線よりも左を指す形のことを言います。海外では、ジョン・ラーム選手やダスティン・ジョンソン選手などがレイドオフのトップの代表格ですし、日本でも、石川遼選手や渋野日向子選手がレイドオフのトップにスイング改造しました。

そんなトッププロたちに憧れて「シャットフェース＆レイドオフ」のトップを目指すアマチュアが増えたように思います。また、ゴルフメディアやレッスンプロの間でもシャットにテイクバックさせ、トップでは出前持ちのような形でレイドオフにするのが定番になっている感すらあります。

しかし、私はこのクラブの上げ方には反対です。

私に言わせれば、このシャットフェース＆レイドオフのトップは、シニアゴルファーにとって百害あって一利なし。日頃から体を鍛えているアスリートや、まだ筋肉や関節の柔らかい若者ならいざ知らず、筋肉が硬くなり、関節の可動域も狭くなったシニアゴルファーがこのトップを作ろうとすると体が十分に回らず、窮屈なトップになってしまいます。その結果、ダウンスイングで手が前に出てボールを当てにいくだけのスイングになってしまうのです。

私がみなさんに推奨している

のは、まったく逆のテイクバックです。すなわち、「オープンフェース＆クロストップ」です。クラブフェースを開きながら体の回転に沿って飛球線の内側にテイクバック。トップではクラブが飛球線とクロスし、ヘッドはターゲットよりも右方向を指します。

私が、この「オープンフェース＆クロストップ」をお勧めする理由は、クラブの動きを邪魔しないためです。オープンフェース＆クロストップのテイクバックで体に巻きつくようにクラブが上がると、体の回転とクラブの動きがマッチング。深い捻転が得られ、トップでしっかりと体が入ってタメができます。

一方、フェースを閉じて上げようとすると、右ひじをたたむことができない、右肩を後方に引けない、トップでいかり肩になる、などの悪癖が身につき、窮屈なトップに一生悩むことになります。

オープンなテイクバック

シャットなテイクバック

Error ×

日本における通説の間違い 4

トップでは左ひじを曲げずにまっすぐ伸ばす

一昔前のレッスンでは、トップで左ひじが曲がっていると、「手でクラブを上げている証拠。トップでは左ひじを曲げずに腕をピンと伸ばせ」と即座に矯正されました。

ゴルフ雑誌などを見ると、たしかにトッププロのスイングはトップで左ひじがピシッと伸びて、左肩があごの下にしっかりと入っています。そのカッコいいトップに憧れて、「トップでは左ひじを伸ばさなくてはいけないんだ」と思い、みなさん真似をするわけです。

かく言う私も、かつてトップの形を模索し、鏡とにらめっこした日々がありました。左ひじがピンと伸びたトップの形を必要不可欠なものと考え、「トップスイング形成依存症」に陥っていたのです。

しかし、左ひじを伸ばしたトップの形にこだわってスイングを作ろうとすると、スイング全体の動きはかえってぎこちないものになってしまいます。私も、オーストラリアに渡って最先端のゴルフスイングに触れると、すぐにトップの形にこだわることはやめました。

いまの私からすると、左ひじを伸ばしたトップは、むしろ力んでいて体が回っていないように映ります。肩甲骨の可動域が広いアスリートや若い方なら、両腕で作る三角形を崩さず、左ひじを伸ばしたままバックスイングしても、体が回り、肩を深く入れることができます。トッププロたちも、日頃から肩甲骨の可動域を広くするトレーニングをしているからこそ、左ひじがピンと伸びた、あのカッコいいトップになるわけです。

しかし、肩甲骨まわりが硬くなったシニアの方にはお勧めできません。トップでひじをピンと伸ばそうとすると、さまざまな弊害が起こるからです。クラブを遠くに上げようとするあまり右脇が大きく開き、最後の一ひねりで右ひじを背中側に引っ張ってしまう非常に窮屈なトップになります。

このタイプのゴルファーは、自分が右へスウェーしていることにも気づいていません。こうなると、後はボールを当てにいくことしかできません。また、トップでひじをピンと伸ばしてしまうと腕が柔らかく使えません。クラブの自由性を阻害し、自分でクラブを操作する能動的なスイングになってしまいます。能動的なスイングは再現性に乏しく、体への負担も大きいためケガにもつながります。絶対にやめましょう。

◯ GOOD

ひじにゆとりのあるトップ

× BAD

トップで左ひじを伸ばす

Error ✕

日本における通説の間違い 5

スイング中、頭を動かすな！

日本では、「ボールをよく見て打つ」ことが基本中の基本とされています。「ボールをしっかり見て、頭を動かすな」――そう教わった方がほとんどでしょう。

しかし、私に言わせると、そのアドバイスはかえってスイングを壊してしまいます。バックスイングで頭を動かさずにボールを見ようとすると、どんどん頭がボールに近づいていってしまいます。また、トップでも左足に体重が残り、リバースピボットになる危険性が高まります。

ダウンスイング以降も、頭を動かさないことの弊害があります。かつて「ゴルフの帝王」とよばれたジャック・ニクラウスは、「ヒット・イット・ハード・ビハインド・ザ・ボール」という言葉を残しました。「頭を右に残して、ボールを思い切り叩け！」――これは、現在も日本の99％のゴルファーが当たり前のように目指している動作です。インパクトを過ぎてもボールの垂線上の右側に頭を残し、フォローでは頭とクラブヘッドが逆方向のベクトルをもって互いに引っ張り合い、大きなスイングアークで飛ばすのがカッコいいスイングとされてきたのです。

しかし、頭を残してスイングすると首に大きな負担がかかります。松山英樹選手のスイングは頭の残ったフォローに特徴がありますが、あの強靭な体の持ち主である松山選手でさえ首を故障してしまいました。一般のアマチュアが頭を残すことを意

BAD

頭を動かさないため
トップでリバースピボットに

識したら、いずれ頸椎のケガで苦しむことになるでしょう。

フィニッシュでも、体が逆Cの字形になってしまうため背中や腰への負担が相当かかります。にもかかわらず、この「頭を動かすな」ということが、ゴルフスイングにとっていちばん大事なことのように言われているのは、とても悲しく思います。

大事なことは、頭ではなく、体幹を意識することです。体の中心に太い軸（体幹）があり、お尻を貫通して斜めに地面に突き刺さる「筒」のようなイメージをもってください。

その軸の位置や傾きがブレたら、当然、頭も動きます。この頭の動きはよくありません。しかし、ゴルフスイングは「軸回転」です。その軸の回転に連動して頭が動き、顔の向きが変わるのは自然なことです。

私はこれまで、さまざまなデータを検証してきましたが、トッププロでもバックスイングで顔の向きが変わらない人は一人もいませんでした。体の中心に太い軸を意識してバックスイングすると、トップでは鼻筋が正面から約30度、右を向きます。これが、自然な頭の動きです。頭を止めてバックスイングしてはいけないのです。

○ GOOD 顔の向きは軸と連動して動いていい

さらに言えば、トッププロたちは、決してボールを凝視していません。ボールの周辺をなんとなく見ています。だから、軸回転に連動して顔の向きが変わっても気にならないのです。

大切なのは、周辺視野を広げることです。トッププロたちはみな、広い周辺視野をもっています。すごい人になると、顔を正面に向けていても、流し目で左右20ｍ先が見えてしまいます。そこまではいかなくても、左右10ｍくらいの範囲を大きな視野で見ることができるようになると、顔の向きが変わっても気にならなくなります。

ダウンスイングでも、頭を動かさないようにすることは禁物です。頭を残して右肩を出さないように我慢すると、クラブヘッドがボールに届きません。

そのため、腕を伸ばしてボールにヘッドを当てにいき、結果、手を返してしまうことになります。これはクラブの慣性に逆らった、能動的なスイングにほかなりません。後述するＧ１メソッドの体さばきを覚えれば、クラブヘッドはちゃんとボールに届きます。絶対に、自分で頭を残そうとしないことです。

体幹軸を意識すると、軸回転に連動して頭は自然と動きます。視野を広くもち、体の中心に太い軸を感じてスイングすることを心がけてください。

Error ×

日本における通説の間違い 6

インサイドアウトに振れ！

ゴルフを始めたばかりの人は、どうしてもボールに当てにいくので体が突っ込んでしまい、振り遅れてスライスになりがちです。そういう方に、「右肩を出さずにインサイドアウトでクラブを振れ」とアドバイスすると、つかまったボールを打てるようになり、スライスが治ったように感じます。

いわば、ゴルフ初心者のスライサーにとっては、特効薬のような教えだったわけです。

しかし、残念ながら、その効果は長続きしません。むしろ、ゴルフを続けているうちに副作用のほうが目立ってきます。

ここで言うインサイドアウトとは、ダウンスイングで腰より下へ落とし、クラブを寝かせて右上へ放り出すスイング、つまり下から上へすくい上げるアッパースイングのことです。私が推奨している、クラブを上から下に使い、落下のタイミングで体と一緒にボールに圧をかけて、目標の左へ振り抜く「スイングレフト」とは真逆の打ち方です。

アッパースイングは、前傾姿

勢が起き上がりやすく、右腰が前に出てボールに近づいてしまうと、スライスとシャンクの繰り返しになります。フィニッシュでは、腰が反って逆Cの字形になるスイングしかできません。そのときの腰への衝撃は相当なものです。背中や腰への負担を考えると絶対に避けたいところです。

飛距離と正確性の面から見ても、アッパースイングでは、インパクトでボールを圧縮することができません。手を返すタイミングによってはさまざまなミスが生まれます。

後述するように、G1メソッドでは体さばきと一緒にクラブを上から下に「らせん状＝スパイラル」に動かして、クラブが体に巻きつくようにスイングします。それが最もクラブの自由性を損ねないスイングであり、クラブヘッドも美しい軌道を描くからです。感覚的には大根切りをしているイメージのアウトサイドイン軌道に感じますが、深い捻転からスパイラルに落下しながらクラブがおりてくると、実際にはインサイドインの軌道になります。

飛距離が出ないパーシモンヘッドのドライバーを使っていた時代は、インサイドアウトの軌道でボールをとらえ、手を返してフックボールを打ち、飛距離を稼いでいたという側面もあります。しかし、現在はクラブの進化によってストレートやフェードの球筋でも十分に飛距離が出るようになりました。ですから、「飛距離を稼ぐ」ことを目的としてインサイドアウトに振る必要もなくなったわけです。

ところが、ゴルフクラブが進化したいまもインサイドアウトに振っている人が非常に多く、G1の門を叩かれた生徒さんのうち半数は、このタイプのスイングをしています。それくらい日本のゴルフレッスンにとって、〝なくてはならない教え〟だったということでしょう。

いまの時代、インサイドアウトに振ることは絶対に避けたい動きの一つです。

○ ×
GOOD BAD
インサイドアウトのスイング
スイングレフト

正面

Error ×

日本における通説の間違い 7

ベタ足で打て！

ダウンスイングで体が早く開くと、右ひざが前に出て、早いタイミングで右足かかとが上がってしまいます。このクセを直すために、「インパクトまでは右足かかとを上げずにベタ足で打て」と言われてきました。

体の正面でボールをとらえるためには、右足かかとが浮くのをなるべく我慢し、体の開きを防がなくてはいけないというわけです。私がジュニアだった時代は、「頭を残して右肩を出さないように。体も突っ込むな。もちろん右足はベタ足だ」と口を酸っぱくして言われたものです。

この教えを忠実に守り、いまも右足をベタ足のままボールをとらえようとしている人は少なくありません。しかし、この動きは必ず体の正面で手を返す動作を誘発してしまいます。何度も説明しているとおり、この手を返す動作は首、背中、腰などへの負担が大きく、スポーツ障害につながります。欧米では絶対にやってはいけない動きの一つとされています。

右足をベタ足のまま打つ意識は、いますぐ捨ててください。体の回転を止めず、フィニッシュで背中が正面を向くくらいまで回ったら、両太腿、両ひざは自然と密着し、右足のかかとが勝手に上がります。

体の回転に伴って右足かかとが上がり、つま先でトントンと地面を叩ける状態になれば、G1メソッドが理想とするインバランスフィニッシュをとることができて、一気に飛距離が伸びます。

ボールを凝視し、頭を残しすぎても、フィニッシュで右足のかかとが上がってきません。先ほど説明したとおり、ボールを見すぎないようにしてください。

70～80代のシニアゴルファーのなかには、フィニッシュでも右足に体重が残り、右足かかとが上がらない人が数多くいらっしゃいます。体を残して手だけで振ってしまうから、右足に体重が残り、ベタ足になってしまうのです。この打ち方は体の回転を伴っていないので、ボールが飛びません。また、手の力に頼って振っているので、背中や腰に大きな負担がかかることは言うまでもありません。

右足かかとが上がらない人は、右のお尻も積極的に回しましょう。お尻を回せば自然と右足かかとも上がります。それでも上がらない場合は、左ひざの前にミニサンドバッグがあると想定。右足つま先が宙に浮いてもかまわないので、そのサンドバッグ目がけて右ひざを蹴り上げ、最後に両ひざをぴったりくっつけます。このイメージなら回転ができ、ベタ足が治ります。また、左の壁を作り、体を突っ込まないことを意識するとベタ足になりがちですから、注意してください。

もう一つ、別のタイプのベタ足があります。スイング中、右足のかかとが外転し、体重が後ろに残っている人です（右ページ左の写真）。

○ GOOD

インバランスフィニッシュ

その原因としては、構えたときに両足の指でしっかりと地面をつかまえられない「浮き指」と、スイング中に右太腿が外旋してしまう「スウェー」が考えられます。そのため、スイング中、足裏で踏ん張りきれず、かかとを中心にスピンアウトしてしまうわけです。

このタイプのベタ足を治すには、右足かかとの外側にボールを置いてスイングし、ボールにかかとの外側が触れずに、フィニッシュではつま先立ちができるように練習します。そのためには、アドレスで両足の指先とかかとで地面を鷲づかみにして、脚の付け根から右太腿を内旋しながらスイングします。フォローで土踏まずにエッジが効くようになるので、右足親指下の母趾球で地面を押せ、フィニッシュでは自然とかかとが上がるようになります。

Error ✕

日本における
通説の間違い
8

地面反力（反床力）を使え！

✕ BAD 伸び上がり

○ GOOD 体圧をかけ地面を押す

ここ数年、ゴルフメディアやレッスンで注目されているのが、「地面反力（反床力）」です。地面反力とは、文字どおり、足で地面を押したときに、同じ力で地面が押し返してくる力のことを指します。

この地面反力を使ってスイングすることで、ボールにより大きなエネルギーが伝わり、飛距離が伸びると言われています。

何を隠そう、私自身も、大学院時代にゴルフスイングにおける地面反力や足圧分布の研究をしていました。G1スイングでも、もちろん捻転や回転力の向上にこの地面反力を大いに活用しています。

ただし、使い方が違います。

私から見ると、地面反力の使い方を間違えているゴルファーが散見されます。地面反力を「下から上の方向」に使うものと勘違いし、インパクトでつま先立ちになって伸び上がってしまい、下から上にカチ上げるような打ち方をしているのです。

たしかに、ツアープロの間では近年、重心の上下動をアグレッシブに使って打つ選手が増えています。しかし、常日頃トレーニングを続けているツアープロと違い、筋力、柔軟性、バランスが不足しているアマチュアゴルファーがこの動きを真似ると、ショットの正確性が大きく損なわれる可能性があります。

地面を蹴って上方向に重心を移動させるのではなく、強く地面を押し、地面から返ってくる力＝地面反力をしっかり受け止める——それが、私のお勧めする地面反力の使い方です。

ゴルフスイングは、体の回転とともに上半身と下半身を連動させることでエネルギーを生み出し、ボールにそのパワーを伝える動作です。一連の動作によって生み出されたエネルギーは、足裏から太腿、臀部、腰、背中、腕と、らせん状に伝わっていきます。

私は、この下から上へらせん状に伝わっていく、ねじってねじり戻すパワーのことを「スパイラルエネルギー」と名付けました。効率的に体を使うことでスパイラルエネルギーは増幅され、ボールに大きなパワーを与えることができます。

地面反力も、まさに足で生み出されたパワーです。そのパワーを効率よく上に伝えていくためには、「地面を蹴る」のではなく、「地面を押す」ほうが理にかなっていると私は考えます。

G1メソッドでは、ダウンスイングで右軸のまま回転し、クラブの落下に合わせてボールに覆いかぶさるように体圧をかけます。このとき、右足にはものすごい地面反力が発生しているはずです。その力を上に逃がさず、そのまま地面を押し続けるのです。クラブの落下に合わせて地面を押し続けることができたら、ボールにかかる圧力は非常に大きくなります。

一方、地面を蹴って体が伸び上がってしまうと、クラブをキャスティングしてヘッドが早く落ちます。力が上に逃げてボールにかかる力は小さくなるので、どうしても手打ちになります。これでは、スイングが間違った方向にいくだけです。

地面を蹴って伸び上がるというように、能動的に地面反力を使う必要はありません。アマチュアゴルファー、特にシニアゴルファーの方は、ひざに大きな負担がかかり、故障につながる危険性もあります。沈んでから伸び上がる動きは絶対にやめてください。

G1メソッドを習得し、ボールにしっかり体圧をかける動きができるようになると、その地面を押す力に比例して強烈な地面反力が返ってきます。その拮抗（きっこう）した力をうまくコントロールすることで、自然と地面反力を使えるようになります。

Error ✕

日本における通説の間違い 9

左サイドの壁を作れ!

左サイドの壁を作れ――この言葉もかつて、日本のレッスンで盛んに使われていました。

ダウンスイングで右サイドが突っ込まないように、左足の外側に壁があるイメージをもち、頭をボールの右に残して、右肩を出さずにインサイドアウトに振ると、フォローではきれいに右手が伸び、頭とクラブが反対方向のベクトルをもって互いに引っ張り合います。この形が正しいフォロースルーだと、日本ではずっと言われてきました。

一時期、日本で大流行した「二軸打法」も、この左サイドに壁を作るスイングの一つです。トップスイングで右に体重を載せたら捻転を解かずに腰を左に平行移動。左サイドに壁を作ってから体を回し、ヘッドを押し込むスイングでした。

この、腰を平行に左にスライドさせる動きを「バンプ」とよびます。バンプをおこなってから体をターンさせる「バンプ&ターン」が正しい動きとされていたのです。「腰をバンプして左サイドに壁を作れ」と教わった方も多いと思います。

しかし、いまの世界標準のスイングは違います。体幹の太い軸を意識した回旋運動なので、腰の平行移動を伴いません。バックスイングでは右胸と右のお尻が後方に、ダウンスイングで

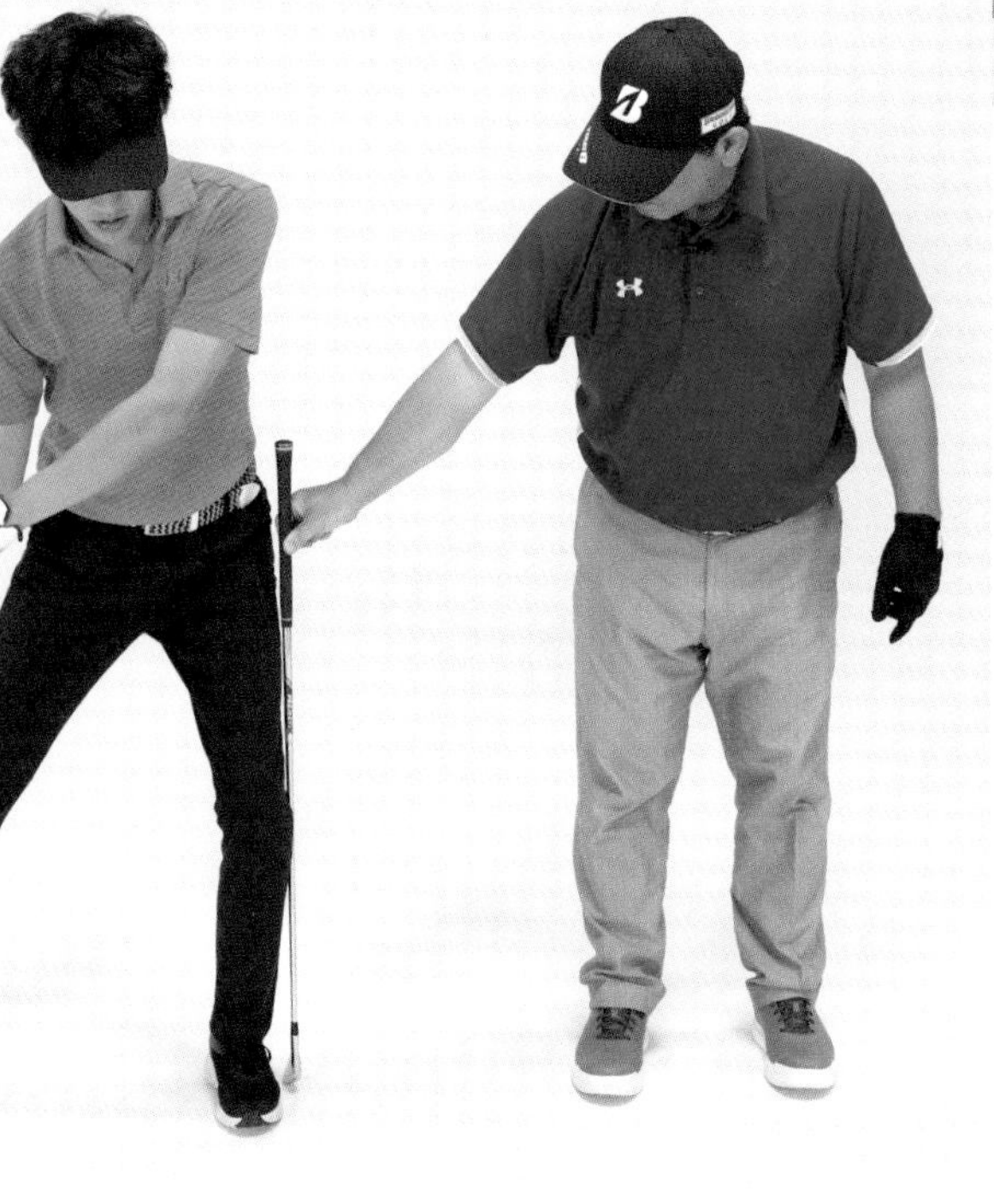

✕ BAD 左サイドに壁を作る

は左胸と左のお尻が後方に引けるのが正しい動きです。左サイドの壁は作らず、上半身の体さばきにつれてしっかり左のお尻を後方に引きます。

左サイドに壁を作って体の回転が止まると、インパクトに向けて右腰が前に出てボールに近づきやすくなります。この動きは、現在のゴルフスイングでやってはいけない動きの一つとされています。

クラブを持たずに壁を背にして立ち、お尻を壁につけてアドレスしてください。その体勢でシャドウスイングをおこなうと、正しい動きができていれば、バックスイングでは右のお尻が、ダウンスイングでは左のお尻が壁をスライドして動き、お尻はずっと壁から離れません。

しかし、ダウンスイングで体が起きて右腰が前に出てしまうと、お尻が壁から離れて隙間が開いてしまいます。体の回転はその時点で終了。あとは頭とクラブヘッドで引っ張り合い、クラブをポンと放り出して終わりというスイングになってしまいます。

たしかに、頭とクラブヘッドが引っ張り合っているようなプロのスイングの写真を、ゴルフ雑誌などでよく見かけます。しかし、これはあくまでスイング動作中の一瞬を切り取ったものにすぎません。一瞬を切り取った写真と、スイング全体の流れはまったく違うものです。

ところが、アマチュアのみなさんは写真を見て、その形だけを真似しようとするから、スイングが行き詰まり、体が回らなくなってしまうのです。

しかも、この頭とクラブヘッドが引っ張り合うフォローをとっていると、腰や首に大きな負担がかかり、ケガにつながってしまいます。プラスになることは何一つありません。

今後は、絶対に左サイドの壁を意識しないでください。

左サイドをぶっ壊せ――。体の回転を止めなければ、インパクトで左サイド（左腰）が後ろに引けるのは自然な動きです。

左サイドを止めて壁を作ったら、そこで体の回転が止まってしまいます。これまで左の壁を意識してスイングしてきた方は、そのイメージを消し去りましょう。

○ GOOD

壁は作らず左腰を後方に引く

Summary

日本式ゴルフスイングの弊害

今回、紹介した通説以外にも、間違った教えによって、かえってスイングを悪くしている例はいくつもあります。「トップでスイングを止めてはいけない」という教えもその一つです。

松山英樹選手が米国のＰＧＡツアーにデビューした10年ほど前は、トップでいったん止まってから打つ「ストップ&ゴー」のスイングについて、「あのスイングは変わっている」「スイングは流動的であるべきだ」とよく揶揄(やゆ)されたものです。しかし最近では、トップで一瞬「間」を置いてから、居合斬りのようにスパッと高速回転するプロが目立つようになりました。逆にトップで静止せずにクラブをループさせたり、ムチのようにしならせて打つ選手が少なくなったように思います。

それは個々のフィジカルが強くなったことで、クラブの自由性を重視した、より捻転の深いスイングが求められるようになったからです。

トップで間を作るためには、首の後ろに巻きつこうとするクラブの慣性を妨げない、胸郭（胸骨、肋骨、胸椎で構成される胸部にあるかご状の骨格のこと）の深い捻転を意識する必要があります。トップで自然と間がとれるので、２秒間は止まることができます。女子プロは、

G1メソッドのグリップ

ここまでのまとめ

オープンなテイクバック

手は返さない

体の柔らかさを活かしてその間がとれるから飛んで曲がらないのです。一方、アマチュアはトップ付近で打ち気にはやって反動を使うので、体が開いて軸が突っ込んでしまいます。

「下半身リードを意識しろ」というアドバイスも、あまり感心しません。トッププロのスイングを分析すると、じつは飛ばし屋とよばれる選手ほど肩の回転が速いのです。下半身リードを意識して右肩を残しすぎてしまうと、体の回転を活かせず、手打ちのスイングになってしまいます。もちろん、スイングの土台となる下半身は重要です。しかし、下半身リードのやりすぎは、かえって体のスムーズな動きを損ねてしまうのです。

それらの間違った指導の悪影響は「ゴルフが上手くならない」というだけにとどまりません。最大の弊害はケガにつながることです。

「左ひじをピンと伸ばせ」「スイング中、頭を動かすな」「左サイドに壁を作り、体の正面で手を返せ」

これら日本のゴルフで通説となっている動きは、すべて体のどこかに力を入れる動きです。手、腕、首、腰、ひざなどに力を入れることで作り出す動きにほかなりません。

力を入れれば当然、その部分に緊張が生じます。ゴルフスイングというよどみない回転動作の中に緊張が生まれると、クラブの動きを邪魔することになり、体には大きな負担がかかります。そのスイングのたびに繰り返しかかる負担によって、体は悲鳴を上げ、ついには、ケガにつながってしまうのです。

G1メソッドによるスイング構築の流れは、これとはまったく異なります。PART2では、私が50代以上のゴルファーに勧めるゴルフスイングとはどのようなものなのか、詳しく解説します。

体圧をかけ地面を押す

スイングレフト

ひじにゆとりのあるトップ

壁は作らず左腰を後方に引く

インバランスフィニッシュ

顔の向きは軸と連動して動いていい

「クラブに振られる」感覚を

私が教えているスイングを一言で表せば、「体を効率的に使い、クラブの自由性を活かした、体に優しいスイング」です。

スイングの主体はゴルファーではなく、クラブです。「クラブに仕事をさせる」ことを優先し、自分から能動的にクラブを振ることはしません。「クラブを振る」のではなく、むしろ自分が「クラブに振られて、体がついていく」イメージです。

別の言い方をすれば、「クラブの動きに合わせて、自分が補佐している」イメージと言ってもいいでしょう。

では、具体的にどのようなスイングなのでしょうか? 私は、G1メソッドでレッスンを受けた生徒さんたちのスイング動画をYou Tube(ユーチューブ)で随時、公開しています。その動画を視聴した方からは、

・アドレスからトップまで力みがない
・体の回転がスムーズ
・フィニッシュがピタッと決まっている

といった感想がよく寄せられています。

この「リラックスしていて力みがない」「インパクトを意識せず体の回転を止めない」「バランスがいい」という3要素が、G1スイングの大きな特徴と言っていいかもしれません。

そして、この三つの特徴は、「体に優しいスイング」であることも意味しています。スポーツ障害は、動きの中での緊張や無理な制止、バランスの崩れなどによって発生します。つまり、G1スイングは、これらケガにつながる要素を極力排除したスイングと言えるのです。特に、50代以上のゴルファーには、ぜひお勧めしたいと思います。

この章では、「体を効率的に使い、クラブの自由性を活かした、体に優しい」G1スイングについて、グリップからフィニッシュまで詳しく解説していきます。

「クラブに仕事をさせる」ための効率的な使い方とは、いったいどのようなものなのか。ぜひしっかりと頭に叩き込み、実践へとつなげてください。

Global Standard

これが世界標準！「G1スイング」徹底解説

PART 2

世界標準 1

グリップ

グリップで一つ目に大切なことは、絶対にクラブを強く握らないことです。クラブヘッドを上にして垂直にクラブを持ったら、ストンと真下に落ちるくらいソフトに握ります。クラブがすっぽ抜けない程度にホールドしている感じです。

具体的な握り方を説明しましょう。まず左手は、親指の腹と人差し指でグリップの真ん中を軽くつまみ、小指の下の小指球に向かって、手のひらを斜めに横切るようにグリップを当てます。自分から見て、人差し指から小指まで指の先端が少しずつズレて段差がつき、中指、薬指、小指の3本の指で爪を巻くような感じで握ります。

この握り方ができると、トップスイングで左手親指の腹でグリップを下から支え、小指でグリップを引っかける形ができます。これが緩まずにソフトに握れるショートサムのパームグリップです。

左手の人差し指、中指、薬指、小指の4本の付け根にグリップを直角に当てて、親指を長く使ったロングサムグリップにしている人をよく見かけます。しかし、この形は中指、薬指、小指の3本に力が入りやすく、どうしてもクラブを強く握ってしまいます。ロングサムで握る人には、トップで左ひじをピー

POINT

左手の握り方

ンと伸ばすかっこいい形にこだわる人が多い印象です。ものすごい力でクラブを握っているので、クラブの重さすら感じていません。力みが抜けてくると、逆に緩みすぎてトップでクラブがグラグラしてきます。また、ロングサムで握る人に多く見られるのが腱鞘炎と左ひじ痛です。何年も悩まされている人も少なくありません。「握り方を間違えていなかったら……」と悔やまれます。

右手は中指と薬指をカギ状に曲げてグリップに引っかけます（15ページ左の写真参照）。親指と人差し指の間はギュッと詰めず、余裕をもたせてゆるゆるにしておいてください。

グリップの二つ目のポイントは、両腕を動かす方向です。

腕を下に垂らした状態で肩を支点に上腕を回し、親指を外側から内側に向ける動きを「内旋」、逆に親指を内側から外側に向ける動きを「外旋」とよびます。同様に、ひじを支点に前腕を内側に回す動きを「回内」、外側に回す動きを「回外」とよびます。内旋、外旋は肩関節、回内、回外はひじ関節によっておこなわれます。また、手首を手のひら側に曲げる動きを「掌屈」、甲側に曲げる動きを「背屈」とよんでいます。これもスイングを解説する際によく使う用語なので、覚えておいてください。

× BAD ロングサム

クラブを握るときは、雑巾を絞るように両腕を内旋、回内させるイメージではなく、逆に外旋、回外させる感覚でクラブを下からあてがい、親指でグリップを上から軽く包み込むように握ります。

WBCのときにラーズ・ヌートバー選手がやっていたペッパーミルパフォーマンスのように、雑巾を絞る動きとは逆方向に腕を回すイメージです。すると、両脇の後ろ側（背中側）が軽く締まると同時に、両ひじの内側も軽く曲がり、リラックスしてクラブを吊るしているような感覚になります。

グリップは、「クラブと体をつなぐ接点」です。ここに力が入ったら、クラブは効率的に仕事をしてくれません。「クラブはできるだけソフトに握る」「グリップは絞るのではなく、逆方向に回す感覚をもつ」――ぜひこの二つのポイントを実践し、G1スタイルのグリップを身につけてください。

世界標準 2

始動〜テイクバック

G1スイングでは、オープンにクラブを上げています。オープンバックのテイクバックでは、クラブヘッドから動き出します。絶対にグリップから動かさないでください。クラブが体の正面から外れて、シャットなテイクバックを誘発してしまいます。あくまでもクラブ主体でクラブなりに上がっていきます。ただし、始動からグリップを右に回し、左手首を背屈させるように無理矢理フェースを開こうとしてはいけません。手上げになり、G1メソッドが推奨しているオープンバックとは違います。

シャフトの傾きに合わせて、クラブの下に斜めに大きな板があると想像してください。グリップの2㎝ほど下の部分を支点に、その板に沿ってグリップの先端を左斜め下にターゲット方向に倒すと、ヘッドは反対方向に上がります。クラブが動き出す支点となる、このグリップエンド下2㎝の部分を「始動点」とよびたいと思います。

始動点を支点に左手でグリップエンドをターゲット方向に倒し、右手はレバーを引くようにしてヘッドが浮き上がっていくのを補助する。このテコの原理を使った動き出しが、オープンバックの始動のイメージです。スイングに入る前のワッグルでは、始動点を支点にしたテコの原理を使い、タイミングのよい「クラブ任せの始動」をするようにしてください。腰を小刻みに左右に振って、軽くつま先でタッピング（足踏み）します。クラブの振り子に勢いがつき、クラブヘッドは軽快なリズムで右ひざの高さまで上がっていきます。

POINT ワッグル（テコ&レバー）からのオープンバック

ボールの後方から歩き出してアドレスし、実際にボールを打つまでのベストルーティンタイムは15秒以内と言われています。小気味よいワッグルとタッピングの連動を2、3回おこなった後、タイミングよく始動すれば、つねにソフト&スムーズな動き出しができます。

このときクラブフェースは自然と開きたがる性質があり、クラブには体が回る方向に上がっていこうとする慣性がはたらきます。クラブフェースを意図的に閉じることはせずに、クラブの慣性に任せてクラブを動かすようにしてください。

その動きをスムーズにおこない、オープンバックに導くには、右手のグリップがポイントになります。アドレスでは親指と人差し指の間をギュッと絞めず、ゆるゆるの状態にしておきました。すると、右手人差し指の第二関節に引っかかっていたクラブが、始動と同時に右前腕の回外と右手首の掌屈によって、親指と人差し指の付け根深くまでズルッと移動します。

つまり、バックスイング中、グリップが右手の中で動くということです。グリップが移動しないとオープンバックにはなりません。

ヘッドが腰の高さにくるポジション（右ページの写真）では、シャフトは飛球線と平行、フェースの向きは正面、トゥは真上を指す状態であることを確認してください。このポジションでのフェースの開きすぎや閉じすぎに注意しましょう。

ここから一気に、左腕とクラブが首の後ろに巻きつくように上がっていきます。左手は、左ひじを中心に左前腕を回内させながら親指を立てて、左手首は甲側に背屈します。

バックスイングの途中、右胸の横でシャフトが立つポジションを「ピックアップポジション」とよびます。グリップを支点にクラブが慣性によって浮き上がることが、その名の由来です。

ピックアップポジションでは、右手首が掌屈して手のひらがターゲットを指します。また、フェース面も右手のひらと同じくターゲットを指します。これが「フェースの開いた」状態です。

ワッグルの後にタイミングよく始動して、始動点を支点にテコの原理を使ってクラブをピックアップ。首の後ろに巻きつけると、クラブは慣性に逆らわずにクラブなりに上がって、最も深く体が入るオープンバックのバックスイングになります。

フェースを開いてクラブを上げると「右に飛んでしまうのでは？」と思う人もいるかもしれませんが、心配は要りません。正しいスイングができれば、ボールはターゲットに向かってまっすぐ飛んでいきます。

グリップをギュッと絞り、フェースを閉じて上げたほうが、まっすぐ飛ぶような気がしている人が多いと思いますが、シャットにクラブを上げると、クラブの自由性がなくなり、力んでしまうのでかえってボールは曲がってしまいます。クラブの慣性を最大限に活かすG1スイングを身につけるためには、このオープンバックのテイクバックは欠かせません。

若い人は両腕をできるだけ伸ばしたままバックスイングし、スイングの円弧を大きくして遠心力でボールを飛ばそうとします。しかし、体が硬くなったシニアが同じ動きをしようとすると、とても窮屈でスムーズにスイングすることはできません。

その点、巻きつくバックスイングは、読んで字のごとく、クラブが体に巻きつくように上がり、体が楽に深く入ります。

世界標準 3

トップ〜切り返し

クラブの自由性に任せてクラブなりにバックスイングがおこなわれると、「体のどこを回そう」といったことは考えなくなります。

試しに前傾姿勢をとり、へその高さで手のひらを上に向けて右手でクラブの真ん中を持ち、フェース面を真上に向けてみてください。その体勢から上体をねじって右胸の横でクラブを立たせ、そのまま首の後ろにクラブを巻きつけると、胸郭がしっかりとねじられて肋骨がキュッと締まってくるはずです。

胸郭が回れば背中はターゲットを向き、腰も勝手に回ります。力みが伴うトップはクラブが暴れますが、クラブの動きに呼応して体が捻転していくと下半身も安定して、トップの位置がピタッと決まります。

さらに、クラブに自由を与えて、その動きに体がついていくと、トップで一瞬の「間」が生まれます。この間をうまく作れないと、ナイスショットは望めません。

トップでは左手が右耳の横に上がり、親指の腹でクラブを支える形になります。右前腕部は前傾角度と平行。あごと左肩の間には適度なスペースがあり、両ひじは左右に動かせるぐらい余裕があります。

これが、体が硬い人にとって、最も体が回り、肩が深く入るトップです（左ページの写真）。

このとき、右手は手のひら側にやや掌屈したグーの形になり、クラブは飛球線とクロスして、クラブヘッドはターゲットよりもやや右を向きます。

私はこれを、「クラブが体に巻きついたトップ」とよんでいます。G1メソッドでは、クラブが体から離れることなく、終始体に巻きつくように動くスイングを目指します。当然、トップでも体に巻きつくようなポジションにクラブが収まるのが自然です。

トップまでの一連の流れを野球のバッティングにたとえて説明しましょう。

バッティングでは、バットを立てて構えているときから左手首は甲側に折れ、右手はグーの形に掌屈して握っています。その体勢からピッチャーがボールを投げるタイミングに合わせてテイクバック。バットを背中側に倒し、首の後ろに巻きつけるようにします。このとき、バットは肩のラインとクロスして、バットの先端がピッチャーの右側を向きます。

この、一ひねりでねじれが頂点に達した瞬間、手を使うことなく体を一気に巻き戻していきます。その結果、あの太いバットが遠回りせずに、しなって体に巻きついたまま最短距離でボールをとらえることができるのです。大谷翔平選手を筆頭にMLBの選手はみな、この打ち方でピンポン玉のようにボールを遠くへ飛ばしています。

私は、このバッティングスキルは、ゴルフにおける「タメ」の形成にもたいへん参考になると考えています。ゴルフのトップも、このバッティングのスキルとまったく同じと考えてほしいのです。

ゴルフスイングのほうが、ヘッドの重さに引っ張られてクラブが巻きついてくるので、より上半身のストレッチが深くなりますが、手元とクラブはまったく同じポジションに収まります。この力感のない一ひねりが、みなさんの飛距離とショットの再現性に貢献します。

じつは、このときの体の使い方は、野球におけるピッチングの動作ともよく似ています。ピッチングのワインドアップの動作では、上体をねじりながら大胸筋を胸骨から引きはがすかのように横に動かし、しっかりと胸を張ります。

ゴルフのバックスイングでも、この体の使い方は共通しています。前傾しているぶん、やや斜め後方に大胸筋を引っ張ると、これに連動して右体側も右脇に向かって伸ばされ、さらに肋骨と肋骨の間にある肋間筋も伸ばされます。

同時に、右股関節が斜め後方に切れ上がり、右の臀部が硬くなります。この体の使い方ができると、クラブが体に巻きついて首の後ろに収まり、非常に深

POINT

クラブの慣性で上がったトップ

い捻転が得られます。

切り返しで、この伸ばされた筋肉の伸張反射を利用できると、力むことなくスムーズにダウンスイングへと移行できます。伸ばされた筋肉が自然と縮まろうとするはたらきのことを「伸張反射」と言います。バックスイングで目いっぱい伸ばされた大胸筋、腹斜筋、肋間筋の伸張反射をダウンスイングの切り返しの「出力」に利用できると、トップのポジションから右耳の横でクラブが立ったポジションまでのわずかな初動だけで、実質的に「スイング」は終わってしまいます。

そのためには、クラブはトップの位置に置きっぱなしにして、自分からクラブに近づきにいくように右肩を入れてタイミングをとることが重要です。このタイミングが、切り返し時の「出力」になります。そうすることで手が肩から下に落ちずに、クラブも自分の体も同じ方向に動いていけるので、ボールに合わせることなく、減速せずにフィニッシュまで振り切ることができます。

この感覚は、ピッチャーや槍投げのフォーム、あるいは、柔道の背負い投げで相手の懐に入り、右肩を巻き込んで背中を丸めた瞬間に、相手が畳に叩きつけられる感覚にも似ています。

この動きができれば、トップのポジションでクラブと右腕で作られた「逆コの字」の形をキープしたままクラブをおろせるので、これまで経験したことのない軽やかな切り返しを感じることでしょう。

この切り返しのパートが、スイングの生命線とも言える動作です。手を振ることよりも、高い位置での出力が大事で、腰より上で出力したものが、スイングの後半にとんでもない加速を生み出します。手を振り続けると出力と加速が一緒になってしまうので、いつまで経っても飛ばないスイングをし続けることになります。

これまでほとんどのゴルファーがしてきた「左への踏み込み」や「下半身リード」は意識する必要がありません。上半身と下半身の捻転差で飛ばそうとする狙いがあると思いますが、体幹まわりの硬い人が、切り返しで下半身の大きな筋肉を使って、強い筋収縮を起こさせると、体の伸び上がりが生じるなど、体ばかりが先行して振り遅れやキャスティングの原因になります。切り返しから手は振らずに、伸張反射の戻りと一緒に体の右サイドを入れていけば、捻転差を維持したまま、勝手に下半身も作動します。

大事なことは「クラブを振らない」ことです。

POINT
伸張反射を利用した切り返しがスイングの出力となる

世界標準4 ダウンスイング〜インパクト

ダウンスイングからインパクトにかけての動きも、野球のバッティングを例に説明すると、非常にわかりやすい動作です。

ダウンスイングの動きを一言で説明すると、バッティングで「インハイのボールを打つ」イメージです。まず、バットのラベルを自分のほうに向けてバットを持ち、ピッチャーに対して構えます。このとき、バットのラベルはピッチャー方向を向いているはずです。

その状態からピッチャーがボールを投げるタイミングに合わせてテイクバック。バットを首の後ろに巻きつけたら、インハイのボールを打つイメージで、グリップエンドをピッチャーに向けて右ひじを曲げたまま体の前に入れてきて最短距離でバットを出します。

体に近いインハイのボールを打つわけですから、左ひじは肩の高さにあって左脇が開き、曲がったままです。バットは十分に体に引きつけられ、バットの芯も体に近い位置にあります。

この体勢のまま体を回し、ボールをバットの芯でとらえますが、そのときバットのラベルはピッチャーと反対方向を向きます。ラベルがあるほうを表面、反対側を裏面とすれば、バットの裏面でボールをヒットするわけです。必ず裏面でボールにコンタクトしないと、インハイの球は打てません。また、ボールをとらえた瞬間、右手のひらが上を向き、手首は掌屈して、ジャンケンのグーの形になっています。

じつは、このインパクトの形のまま上半身を前傾させてお辞儀をすると、そのままゴルフスイングにおけるインパクトの形になります。つまり、バッティングでインハイのボールを打つときの腕や体の使い方と、ゴルフのダウンスイングでの腕や体の使い方は、前傾が浅いか深いかの違いだけで、基本的にまったく同じなのです。

野球では、このスイング軌道

POINT
バッティングでインハイのボールを打つ

POINT
そのままお辞儀をするとゴルフのインパクトに

の内側からバットが出てくるのでインサイドアウトと言います。Ｇ１の巻きつきスイングも切り返しから最短距離でボールをとらえる感覚なので、クラブの動きはインサイドアウトということになります。

　一般的なスイングの解釈では、グリップを右腰の高さまで落としてからクラブを内側から出すのがインサイドアウトと考えていますが、Ｇ１スイングは切り返しでクラブをおろさず、腰より上でクラブをさばき、らせん状にクラブを落下させるので、主観的にはアウトサイドインに感じるはずです。みなさんがインサイドアウトでイメージする、腰から下の払い打つスイング軌道はかけらも見られません。でも、クラブの動きを見れば、ちゃんとインサイドアウトに動いているのです。

　ボールをクラブフェースに載せて運ぶように打つには、手の返し、つまりクラブヘッドのロール（ターンオーバー）をいかに抑えるかがポイントです。

　近年では、２０２２～２０２３年度の米国ＰＧＡツアーで年間王者に輝いたビクトル・ホブラン選手のスイングがお手本になります。ホブラン選手のスイングは、インパクトで左脇を締めず、左ひじに少し余裕が見られ、右手がつねに左手の下にあります。まさにバッティングのインハイ打ちの前傾バージョンです。

　その形のままグリップを左腰の横に入れ、大根切りに見えるくらいのスイングレフトに振り抜くことで、ものすごい後半加速を生み出しています。

　このようなダウンスイングのイメージができると、ボールに合わせなくなり、ボールに対して右ひじが伸びていく動作がなくなります。感覚的には、右耳の横で槍を右手で持ち、槍と右腕の角度を90度（逆コの字）にキープしたまま上体を前傾させてお辞儀をし、右手のひらを上に向けたまま槍を左脇腹横に差していくイメージです。

　切り返しの後は、ボールなんか無視してください。右腕とクラブを胴体に巻きつけてフィニッシュまでもっていくだけです。そうすればボールを打とうと思わなくなるので、回転もしやすく、自然とタメの効いた、ハンドファーストのインパクトが実現できます。

　バットの裏面でインハイのボールをコンタクトするのと同じく、フェースの裏面でボールをヒットするイメージで、クラブヘッドの裏側の出っ張った部分からクラブヘッドが入ってくれば、確実にハンドファーストでインパクトでき、ボールをフェースに載せて運ぶ感覚で打つことができます。

　ここまで、ゴルフスイングと野球のバッティングとの共通点を解説してきましたが、異なる点もあります。それは、回転軸の傾斜です。

　バッティングでインハイのボールを打つときは、回転軸が地面と垂直に近く、体はほぼ水平に回転します。これに対し、ゴルフは前傾しているぶん、回転軸が傾き、体の回転は斜めになります。ちょうど地球の自転のようなイメージです。

　体の前傾をキープし、体を起こさずにターンさせるポイントは、ダウンスイングですぐに左肩を開かず、右腰（右臀部）をボールに近づけないことです。

　そのためには、これまで言われ続けた「両肩の水平回転」や「左へ踏み込んで腰を水平移動させる」といった動作は絶対にやってはいけません。これらの動作は、いまとなっては完全なデスムーブ、やってはいけない動作の一つです。

　切り返しでは、右足から踏み込んで体の右サイドを側屈させながら、背中を丸めてお辞儀。両肩を地面に対して縦に回転さ

せながら、体の右サイドを入れていくボディターン、すなわち「右軸ターン」をお勧めします。私はこの動きを「3Dターン」「三次元ターン」とよんでいます。3Dターンでボールをとらえることができると、胸郭を縦に使いながらボールを上から圧縮できるので、大幅な飛距離アップが望めます。

じつは、その動きに類似しているのが、水面に向かって石を投げ、石が跳ねた回数を競う「水切り」の動作です。体の回転軸に対して、肩のラインを垂直に縦回転させながら体を入れて石を投げる動作は、G1スイングの3Dターンの参考になります。

また、このとき下方向に圧力をかける動きを欧米では「カバーリング」とよんでいます。ダウンスイングでカバーリングをおこなうことによって、ボールを圧縮することができます。

カバーリングは、3Dターンをおこなうためにとても重要な動作なのです。

POINT
3Dターン

世界標準 5

フォロースルー～フィニッシュ

インパクトまではクラブをなるべく体から離さずに、体に巻きつける感覚を大事にしてきました。じつは、クラブを体に巻きつけるようにスイングすると、トップからインパクトまでの各ポジションでグリップエンドの指す方向が90度ずつ変わります。私はこれを「角（カド）のあるスイング」とよんでいます。G1スイングでは、フォロースルーでもクラブの入れ替えをおこないます。

インパクトを通過したらグリップエンドを左腰の横に直角に入れ、クラブの進行方向を一気に変えます（左ページ上段の写真）。すると、体の回転と同調して、クラブヘッドはグングン加速します。

これが本当の「スイングレフト」です。いまや海外ではスイングレフトが常識です。クラブを上から下に使い、フォローではターゲット方向に腕を出すことなく、自分の左腰の横にグリップエンドを向けていきます。日本では、これをなぜか「アウトサイドイン」とよび、「悪いスイング」とする傾向にありますが、それは大きな間違いです。

クラブヘッドをターゲット方向に向けて出していく直線的なスイング、すなわち、ボールを押す動作の入るスイングでは、ヘッドが加速しません。右手首を背屈させて手を目標方向に押し出すと、体の回転方向とクラブのベクトルがズレるため、ヘッドの動きにブレーキがかかってしまいます。

角のあるスイングでクラブの進行方向が変わっても、ボールにはターゲット方向に対して直線的に力が伝わります。私はこれを「曲がりまっすぐ」という言葉で生徒さんたちに伝えています。グリップエンドが指す方向が急激に変わっても、力は一本の道筋に沿ってまっすぐ伝わっていく。そんなイメージです。

私には、クラブヘッドを左足の外側より前方に出す意識はありません。インパクトを過ぎてもヘッドはまだ背中側に残っている感覚があります。グリップが左腰横に入ってきたタイミングで始動点を支点にクラブは直角に曲がり、シャフトが左太腿外側から離れないように背中側に入れ替わります。本当に「ちっちゃく回る」イメージです。

フィニッシュではバランスを崩さずに、まっすぐ立っていられることが重要です。そのためには左太腿の付け根の上でまっすぐ立ち、上半身をその上でリコイルしないとバランスを保てません。バックスイングでは、右足の上で上半身をねじっています。リコイルとは、左足の上で逆方向に上半身をねじるとい

POINT クラブの進行方向を一気に変える

うことです。

最後まで体の回転にブレーキをかけないため、右肩は左足つま先の上まで押し込まれ、背中が正面を向くぐらいまで回転します。右肩がグーンと前に出ることによってクラブはフィニッシュでも体に巻きつき、両耳の後ろで地面と水平に収まります（左の写真）。フィニッシュで両太腿がピタッとくっつき、右足つま先で地面をトントントンと3回叩ければインバランスフィニッシュは完成です。

アイアンショットの場合はクラブのもつエネルギーが小さく、飛距離よりも方向性が重視されるため、ここまで体を回すことはありません（25ページの写真参照）。クラブの自由性に任せてスイングするわけですから、クラブのもつエネルギーの違いによってフィニッシュのポジションが変わるのは必然と言えるでしょう。

POINT インバランスフィニッシュ

世界標準 6

スパイラルターン
——らせん状に落下するクラブ

最後に最も重要なクラブの動きを説明しましょう。

私のスクールに来られる方は、みなさん最初は体の動かし方ばかり質問されます。どうも日本のレッスンでは、体の動かし方を習うのが主体になっているようです。しかし、いちばん大切なのは「クラブがどう動くか」です。ゴルフスイング習得のカギは、じつはそこにあると私は考えています。

いま世界では、クラブを上から下に使うように変わってきています。スイング解析で使用されるトラックマンのデータを見ても、クラブを下から上に使い、出球が右に出るドロー系のプレーヤーよりも、クラブを上から下に使い、出球がストレート、ないしは少し左からのフェード系のプレーヤーのほうが球のバラツキが少ないことがわかっています。

スイング解析によって、クラブが落下するときに能動的な動きを加えなければ、クラブはその場でプロペラのように回り、らせん階段をなぞるように落ちてくることもわかりました。

このらせん状のクラブの動きを実現するためには、クラブは「自分で振らない」ことと、「自分でおろさない」ことがポイントです。クラブを力で動かそうとすると、重心が暴れてしまい

POINT

スパイラルターン

ます。トップからクラブを自由にして落下させると、首の後ろにストンと落ちます。その動きと連動させて体を回し、右ひじを体の前に入れてやると、クラブはプロペラのように回転しながら、体に巻きつくように斜めにスライドして落下。クラブヘッドは勝手にボールに向かっていきます。

　インパクト後もクラブを体から離さずに、そのまま回転を続けるとクラブの進行方向が変わり、背中側に回っていきます。

　このとき、クラブはずっと体に巻きつくように動き続け、一度も体から離れることはありません。まるで体のまわりにあるらせん階段をトレースするように動き続けるのです。

　私は、このクラブの動きを「スパイラルターン」と名付けました。

　クラブの真ん中をへその高さで下から持ち、アドレスの姿勢をとってみてください。その姿勢から、右手を中心としてクラブを時計回りと反対回りにプロペラのように180度回転させ、頭の後ろまで持っていきます。すると、雑巾を絞ったように体がねじれます。

　ダウンスイングでは、クラブが時計回りに水平回転しながら落下してきます。その動きに合わせてお辞儀をするとクラブが傾き、グリップ側がヘッドより下になって体に巻きつくようにらせん状におりてきます。これがスパイラルターン＝巻きつくスイングのイメージです。

　私が教えているG1メソッドは、まさにこのクラブのスパイラルターンを実現するための体の使い方を体系化したものと言っても過言ではありません。

　スパイラルターンを実現するために、G1ならではのさまざまなメソッドがあります。次の章では、そのメソッドをマスターするための効果的なドリルをたくさん紹介していきます。

G1スイングを体に記憶させよう！

日本のレッスンではこれまで、「体をどう動かすか」ということに主眼が置かれてきました。「手を返せ」「ひじを伸ばせ」「頭を残せ」など、「○○しなければならない」という通説があふれ返り、その言葉にがんじがらめにされていた印象があります。みなさんも、それら「○○しなければならない」ことで頭がいっぱいだったのではないでしょうか。

しかし、パフォーマンス中、人間の脳が考えることができるのは一つか二つです。それ以上考えると、よいパフォーマンスはできないと言われています。三つも四つも「○○しなければならない」ことが頭にあったら、明らかに考えすぎです。ましてや、身体機能が落ちてきた50代以上のシニアゴルファーが「○○しなければならない」ゴルフを続けていたら、パフォーマンスがどんどん低下することは目に見えています。

それに対して、私が考えるスイングの主役はあくまでもクラブです。クラブの動きを把握し、クラブの自由性を妨げなければ、体は勝手に動きます。能動的にクラブを振らない、体のリードが最優先ではないスイング、あくまでもクラブが動きたい方向に体をゆだねるスイングこそ、50代以上のシニアゴルファーが目指すべき近未来のスイングであると、私は考えます。

PART2では、その目指すべきスイングについて解説しましたが、そこには「オープンバック」や「3Dターン」「カバーリング」など、G1メソッド独自の言葉で表現されている動きがあります。これらの動きは、自由性を損ねないクラブの動き＝スパイラルターンを実現するための動きにほかなりません。

それらの動きを体に記憶させ、スイング中に意識せずともおこなえるようにするのが、PART3で紹介するドリルです。これらのドリルを繰り返し練習することで、自然とG1スイングをマスターすることができます。ぜひ繰り返し練習して、あなたも「近未来のスイング」を手に入れましょう。

PART 3

最速で「世界標準のスイング」を習得するドリル

Drill

Drill

ドリル 1

つま先立ち体操
――浮き指が治る

目的・効果

足の裏と足の指を使ってバランスをとるためのドリルです。

両足の10本の指とかかとでしっかりと地面をつかむことができると、体を捻転しやすくなり、スイング中に軸がブレません。また、スイング中の回転エネルギーのロスを最小限に抑えることができます。意識しなくても体幹を使えるようになるので、スイングを安定させるためには非常に効果的なドリルです。

方法

①裸足になり、「気をつけ」の姿勢で、下腹をわずかにへこませ、お尻、内腿、骨盤内にしまりをもたせて立ち、頭を上からひもで引っ張られているようなイメージで背筋をしっかりと伸ばす。ポイントは両足をしっかりと密着させること。つま先からかかとまで両足を離さず、ピッタリとくっつけて立つ（1）。

②①の状態から、5秒かけてゆっくりと両足のかかとを上げていく（2）。

③できるだ高く上げたら、こんどは5秒かけてゆっくりとかかとを下ろす（3）。

④②と③の動作を往復10回繰り返す（4）。

1

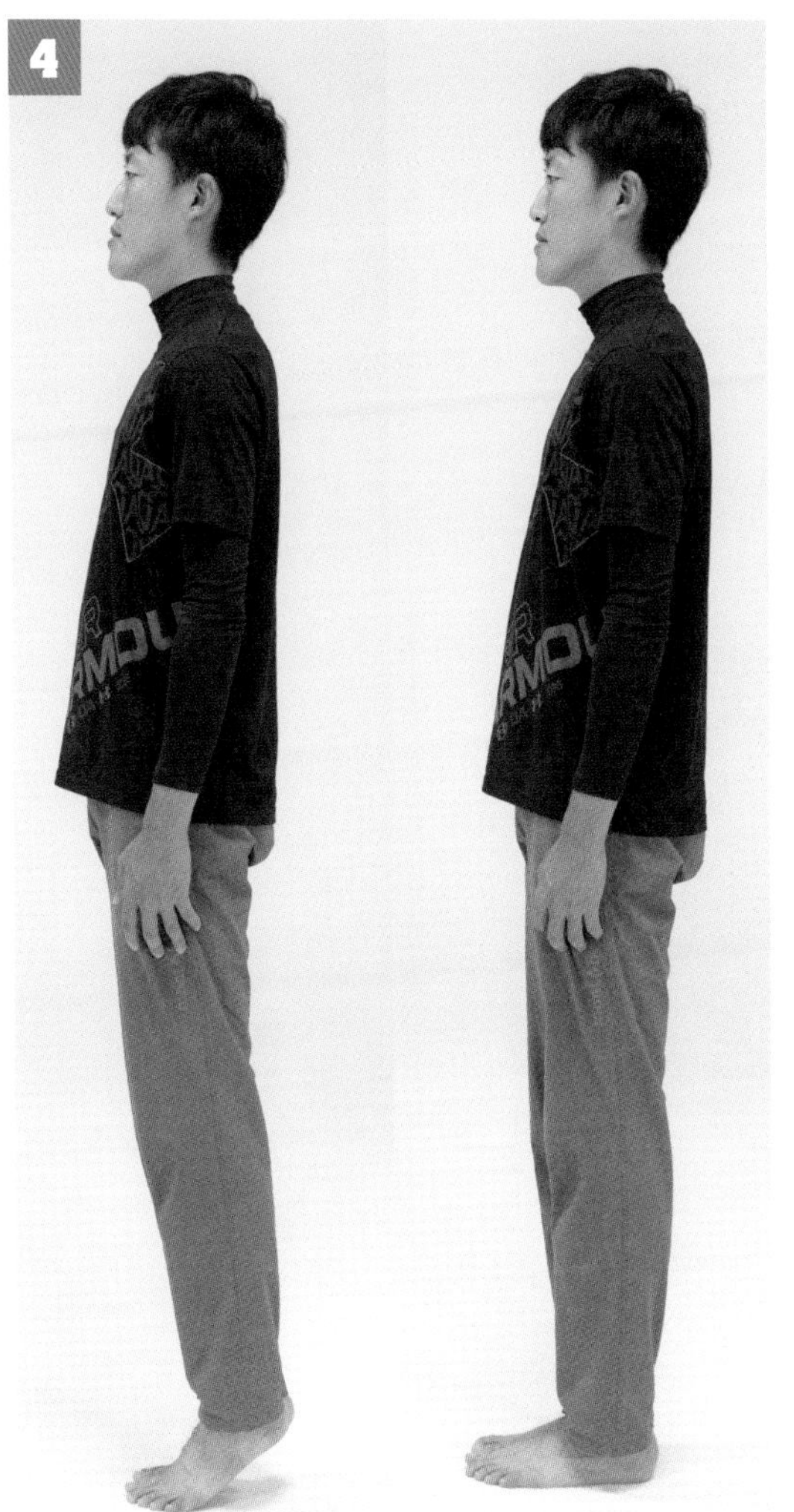

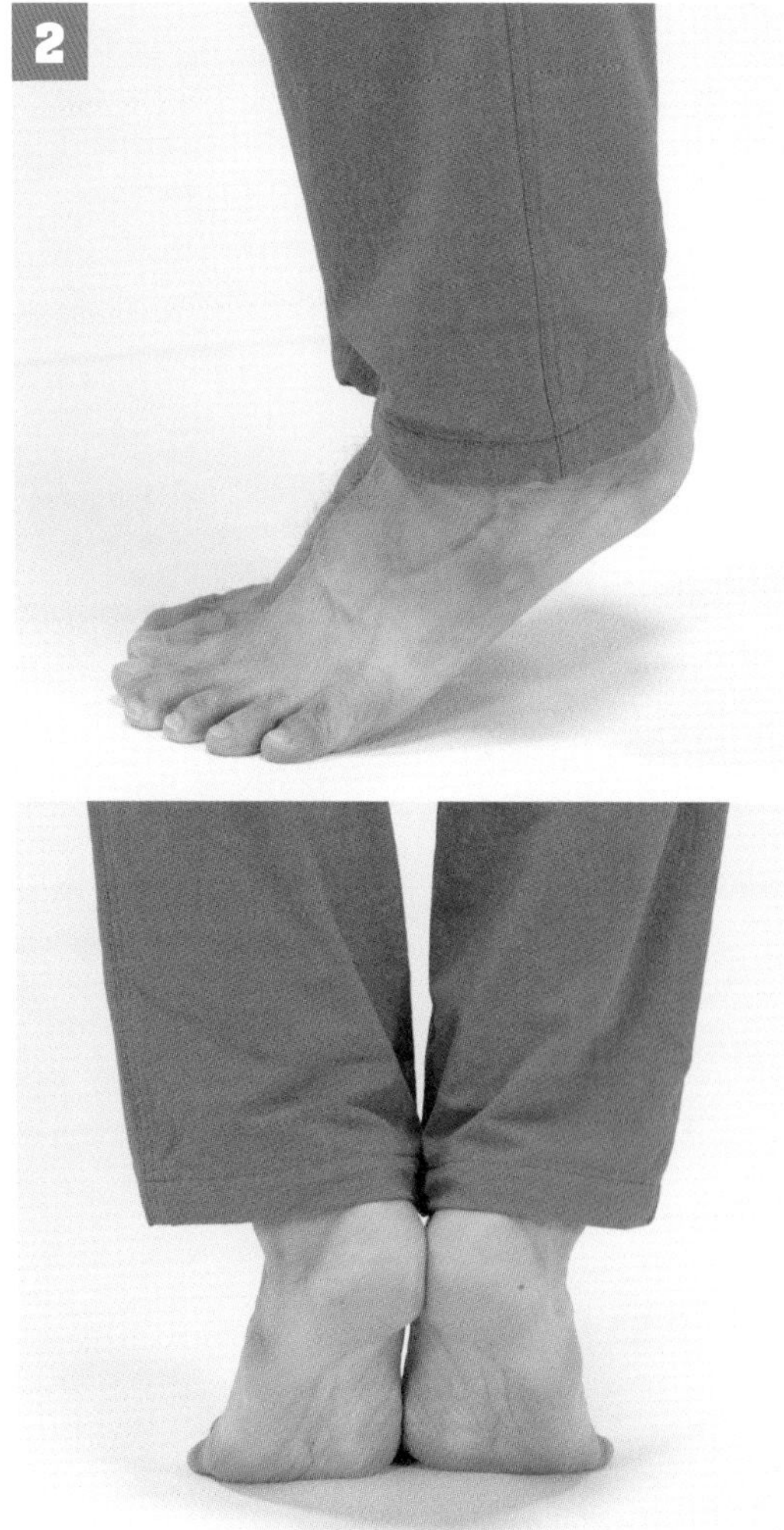

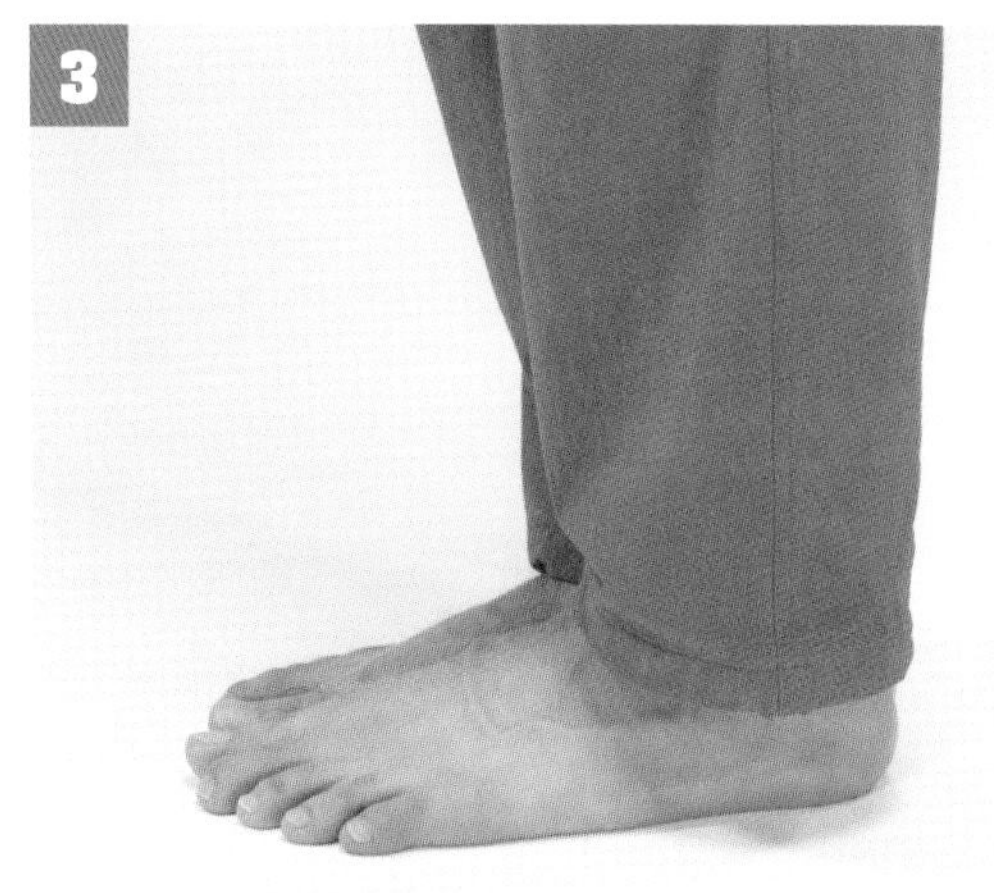

ワンポイントアドバイス

このドリルをおこなった後に裸足でアドレスをすると、自然と足の裏と指で地面をつかむ感覚になります。いつでもどこでも簡単にできるドリルなので、ぜひ毎日続けていただきたいと思います。

Drill

ドリル②

姿勢矯正体操
——巻き肩・反り腰に効く

目的・効果

ゴルファーの大敵である「巻き肩」や「反り腰」を矯正するのに最適なドリルです。

巻き肩の人はスイング中、腕と体の連結ができないので、どうしても手打ちになりやすい傾向があります。また、反り腰の人は体の軸が左右にブレるスウェーや〝明治の大砲（ギッタンバッコン）〟になりやすく、足裏から上に伝わっていく捻転パワー＝スパイラルエネルギーの伝達をしづらくなります。

このドリルをおこなうことで、巻き肩や反り腰がしっかり矯正されて、より効率的にスパイラルエネルギーが伝わるようになり、飛距離アップと正確性の向上が期待できます。

方法

①背中を壁につけて立ち、「気をつけ」の姿勢をとる。頭の裏側、両肩、背中、お尻、両足のかかとをすべて壁に密着させる。腰背部と壁との間もなるべく隙間が開かないように、胸をクッと後ろに引くと同時に、恥骨を上に上げて腹圧をかけて立つ。反り腰の人は、この時点で背中と壁の間に隙間ができてしまう。両ひざもなるべく近づける。O脚の人は板のようなものを挟んでもいい（1）。

②その体勢から、両腕を壁につけたまま両ひじを肩の高さまで上げ、ひじを90度に曲げて手の甲とひじ、前腕・上腕部の外側をピッタリと壁に密着させる（2）。ちょうど万歳をするような形になる。

③②の状態で壁から腕が離れないように、息を吐きながら肩甲骨の可動域の限界まで徐々にひじを下げていく。肩甲骨を内側に寄せながら下げるのがコツ（3）。このとき、手の甲やひじが壁につかない人は巻き肩の証拠（4）。巻き肩の人は腕と体の連結がうまくできないので、手打ちになってしまう。しっかりと前腕の外側が壁に密着するように努力する（5）。

④限界までひじを下げたら、こんどは息を吸いながら、壁から腕を離さずに手の甲を滑らせるように両ひじを上げていき、②の状態に戻る。

⑤②の状態から肩甲骨の可動域の限界まで両ひじを下げて③の状態になり、もう一度②の状態に戻って1往復。しっかりと腹圧をかけて、壁と腰の間に隙間ができないように。この動きを10往復繰り返す。

ワンポイントアドバイス

このドリルは、ゴルファーに限らず、姿勢を整えるためにオーストラリアのアスリートたちが日頃からおこなっているものです。この体操を毎日続けることによって、3ヵ月で巻き肩が治った人もいます。ぜひ毎日おこなってください。

Drill

ドリル

3

ヤジロベエドリル

——体が入る感覚をつかむ

目的・効果

ゴルフスイングにおける「軸」を感じ、スイングのバランスを整えるために、とても効果のあるドリルです。

ゴルフスイングは水平回転ではありません。前傾した軸をキープしたまま体を回すので、肩のラインは前傾軸と垂直に交わり、縦方向に回転します。また、バックスイングとダウンスイングで軸を移動させ、2軸で回転するわけでもありません。

私の考えるスイング軸は、体幹がお尻を突き抜けて斜めに地面に突き刺さっているようなイメージです。このドリルによって、体の中心に太い軸を感じて体を入れる感覚がつかめます。

方法

①このドリルでは、エクササイズ用のポールを使用する。エクササイズ用ポールを体の前で挟むように持ち、上体を前傾させてアドレスの姿勢をとる(1)。このとき、エクササイズ用ポールが背骨と平行になるように、なるべく体に近づける。エクササイズ用ポールでアドレス時の前傾した背骨をイメージし、体の前面に「前軸」を感じると、体さばきで体が入りやすくなる(2)。

1

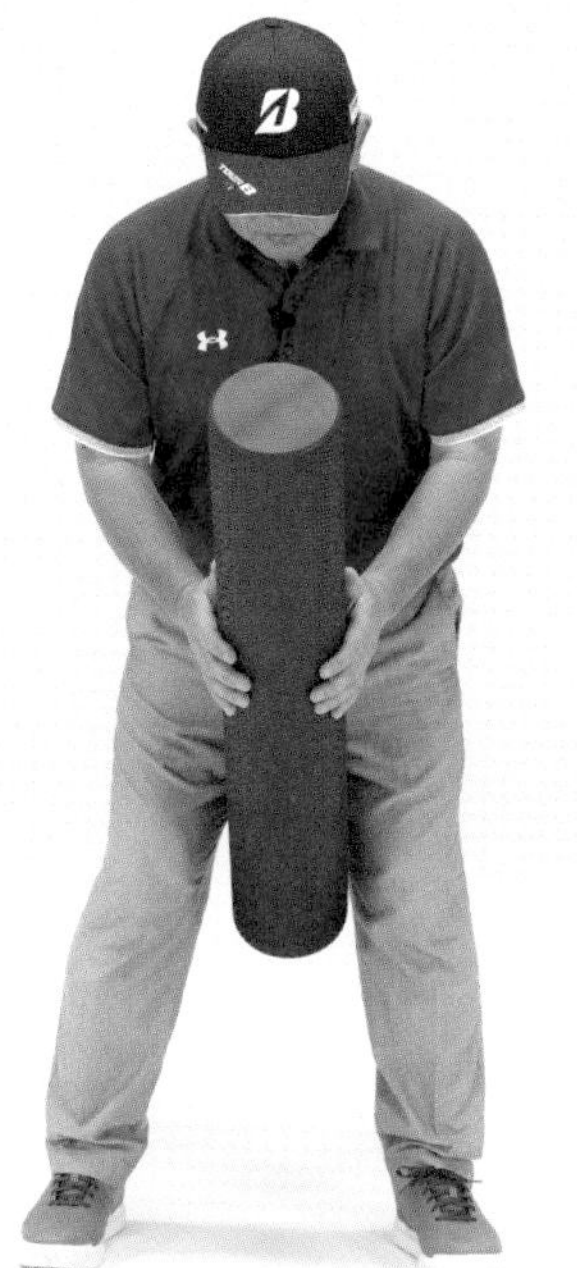

2

②その体勢から、エクササイズ用ポールの前方外側を回り込むように体を回旋させて、体を入れる。背骨を中心に左足から踏み込み、左の背中と左脇腹に力を入れて前軸の下にねじ込む。その動きにつられて右サイドが後方に引かれて右足が浮き、左足一本でバランスをとる(3)。

③続けて右足から踏み込む。こんどは右の背中と右脇腹が前軸の下に入っていき、左サイドが後方に引かれて左足が浮き、右足でバランスをとる(4)。3から4にかけての体の動きが、左右交互にゆれながらバランスを保つヤジロベエと似ていることが、「ヤジロベエドリル」という名称の由来だ。

④下半身を意識するのではなく、胸郭を軸の外側に回し込むイメージをもつことがポイント。腰を回し込もうとするとタメが作れず、グラついてしまう。右回旋時には左足、左回旋時には右足が自然に上がるが、それほど高く上げる必要はない。せいぜい地面から20㎝程度上がれば十分。大事なのは、踏み込むときに足の付け根が伸びないようにへそを引いて、脇腹を前軸の下にねじ入れること。すると、自然に足裏とひざが安定して足がいちばん高く上がったところで、一瞬の「間」がとれるようになる。力士が四股を踏むときには、足を1ｍくらいの高さまで上げても静止することができる。軸が非常に安定している証拠だ。上半身の前傾はつねにキープし、絶対に体が起きないように注意する。

もう一つ大事なのは目線。目線が下（ボールのほう）を向いていると軸が動いてしまい、バランスがとれないので、回転に合わせて目線も体と同じ方向を向くようにする。

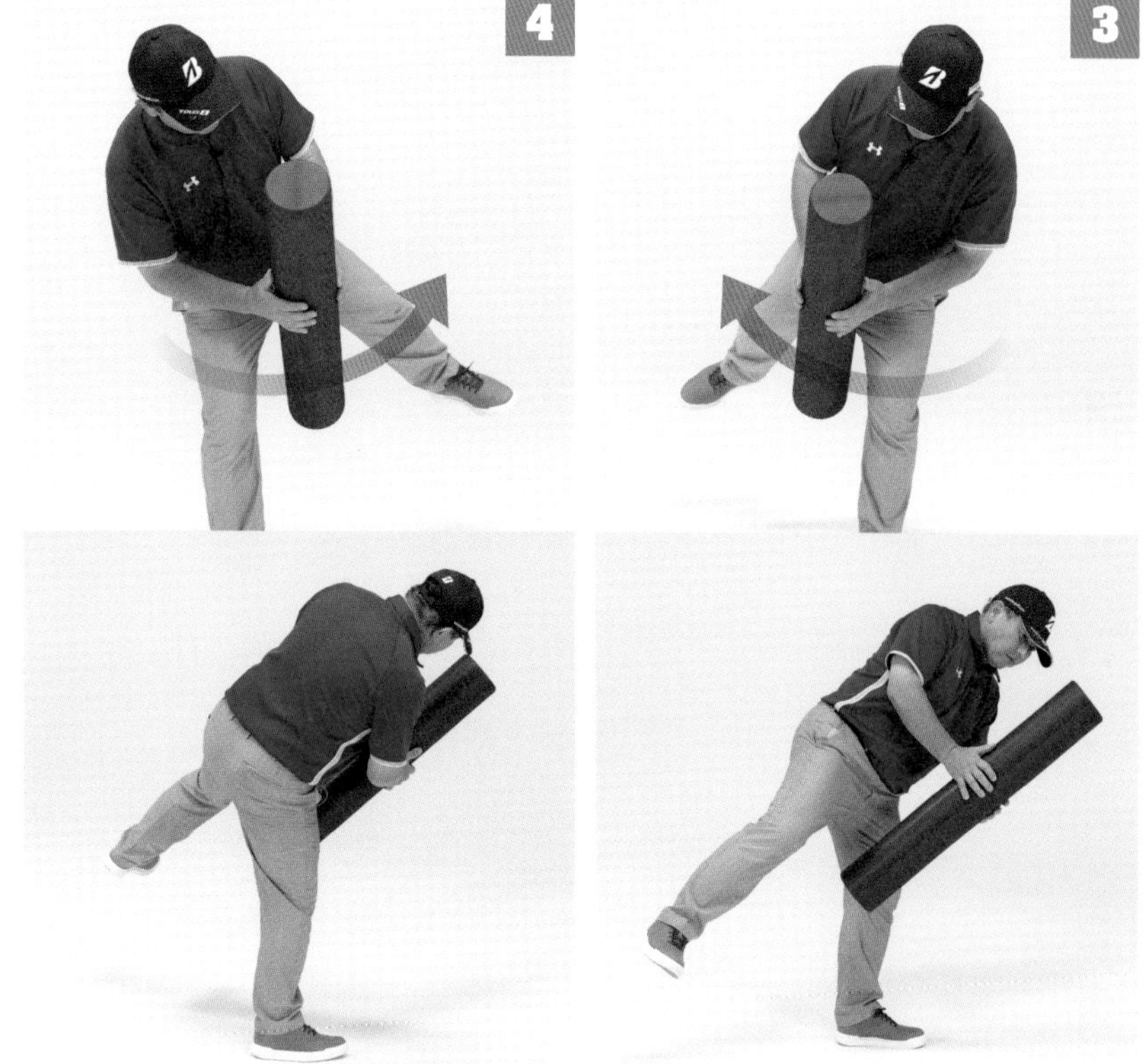

ワンポイントアドバイス

ヤジロベエドリルには、ゴルフスイングにおける回転のファクターが詰まっています。このドリルをおこなうと、バックスイングにおける胸郭の捻転に呼応して、背筋や腹斜筋などの体幹にあるすべての筋肉が連動。バランス感覚が研ぎ澄まされます。背骨を軸に「体が入っていく」感覚がつかめ、クラブを主体としたＧ１スイングには欠かせない背中の入れ替えがとても楽になります。

Drill

ドリル 4

メリーゴーラウンドドリル
——手打ち防止に効果あり

目的・効果

〝手打ち〟を防止するためのドリルです。手を積極的に振るゴルファーには効果的です。

ボディーターンの基本は、両腕の上腕で胸を挟んだ状態で体を回すことです。そのため、スイング中は両ひじが体の幅からはみ出さない感覚があります。この腕と体の連結ができると、バックスイング時には右上腕、フォローサイドでは左上腕が外旋して脇の後ろ側が締まり、体の回転と腕の動きとが同調。深い回転が得られるとともに、自分で手を振れなくなります。

G1スイングでは、切り返し直後は体さばきが主体で、クラブフェースの裏面でレイトヒットする感覚があります。このドリルによって、体と腕の動きを同調させ、右手でボールを突きにいく動きを防止することができます。

方法

①肩幅程度の長さのゴムひもを用意。直立した姿勢で手のひらを上に向け、ひじを体側につけたまま両手を前に出し、両手の親指と人差し指でゴムひもの両端をつまむ(1)。

②①の状態から、両上腕を体に密着させたまま外旋させて両腕を開き、ゴムを両サイドに引っ張る。すると、自然と両脇の後ろ側が締まる(2)。

③ウォーミングアップとして、両ひじを支点にゴムの収縮運動を10回おこない、両脇の後ろの締めを意識する。肩関節の奥にある「ローテーターカフ」というインナーマッスルを鍛えることで、スイング中の腕と体のコネクションを強固にできる。

④次に、上腕を外旋させて目いっぱい腕を開いた状態で、ゴムの張力を感じながら上半身を前傾させ、アドレスの姿勢をとる(3)。そのままゴムの張力を変えないように、右回旋(4)と左回旋(5)を繰り返す。このとき、自分から見てゴムひもが動く線はカタカナの「ハ」の字を描く。直線的に動くのは手で操作している証拠だ。ゴムひもを持って「ヤジロベエドリル」をおこなうような感覚で、腕ではなく、必ず体から戻すことがポイント。この動きも10回くらい繰り返しておこなう。

ワンポイントアドバイス

メリーゴーラウンドの木馬は自分では動きません。中心軸が回転することで木馬も動き出します。ゴルフスイングでの腕の動きも、これと同じです。絶対に自分で腕を動かそうとせずに、「体の回転に同調して動かされている」感覚が大切です。フェースの裏面でボールをヒットする感覚も身につきます。

4

5

1

2

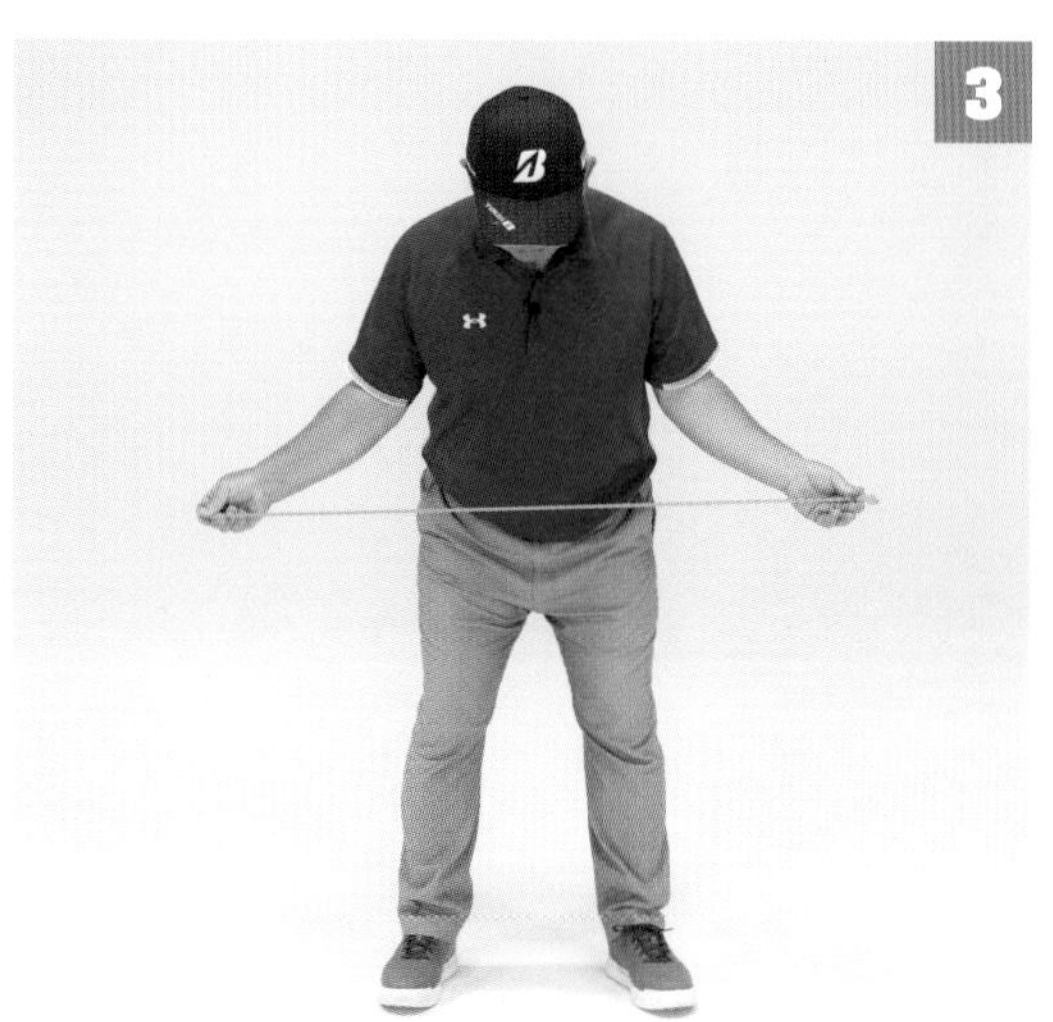
3

Drill

ドリル 5

胸を引っ込めるドリル
――スイングのきっかけを作る

目的・効果

スイングの始動で運動連鎖を生み出すことを目的としたドリルです。フォワードプレス、キックイン、チンバックなど、スイング始動のトリガーにはさまざまな動きがありますが、私は「胸の中心をクッと後ろに引く」動きからスイングをスタートすることを勧めています。

この動きでスイングをスタートすると、体の連鎖反応が起き、自然と体幹が締まります。スイング中、クラブを引きつけることができるとともに、すべての動きが連動しやすくなるメリットも得られます。

1

方法

①ペンを1本用意。右手にペンを持ち、アドレスの姿勢をとったら、ペンの先で胸の中心（みぞおちの約5cm上）をクッと押し込む。胸骨を5mm程度後方にめり込ませるようなイメージ（1→2）。

②胸の中心を押してへこませると、生理的な反射で腹部がへこみ、恥骨がほんの少し上を向くため受け腰になる。また、重心が下がって内腿にも緊張が走り、足の裏でギュッと地面をつかまえることもできる（3）。

ワンポイントアドバイス

肉眼ではわかりにくいですが、やってみるとほんの少し胸を押しただけで動きが連鎖していくことを体感できます。ペンではなく、自分の指で胸を押してもかまいません。体幹に締まりがなく、日頃から軸ブレを感じる人はぜひやってみてください。

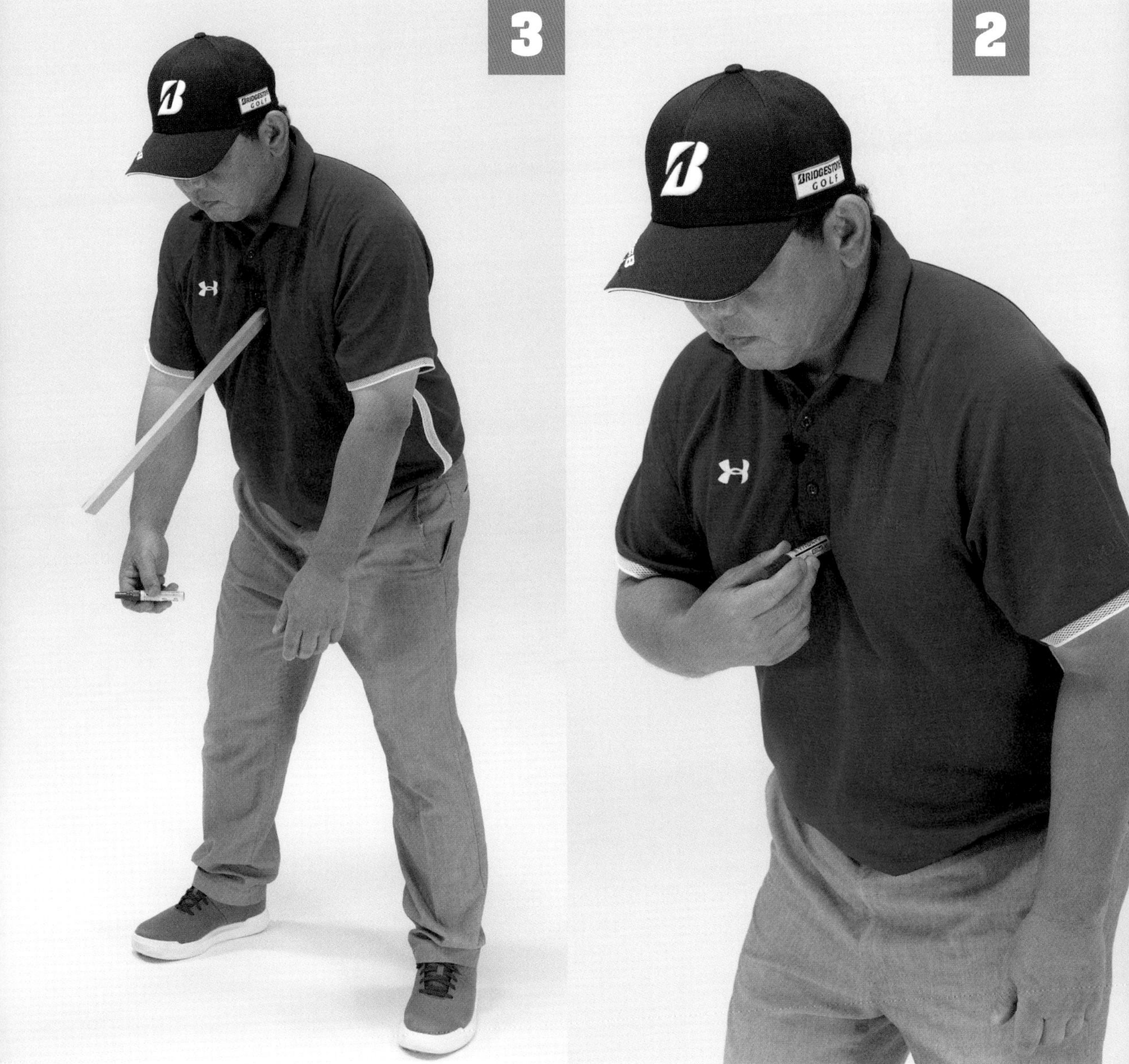

Drill

ドリル 6

バックスイングドリル1
―オープンバックの感覚をつかむ

目的・効果

ブロック状の板切れを使い、体の回転に合わせてフェースを開きながらクラブを上げていく感覚を養うドリルです。

最近のアマチュアのスイングを見ると、フェースをボールに向けたまま、フェースを閉じてシャットにクラブを上げていく人が非常に多い印象を受けます。

しかし、PART1で解説したとおり、シャットにクラブを上げるバックスイングはシニアゴルファー向きではありません。日々トレーニングしているアスリートゴルファーや体の柔らかい若いゴルファーと違い、肩甲骨や関節の可動域が狭くなったシニアゴルファーがシャットにクラブを上げながら大きなスイングアークを作ろうとすると、体が十分に回らず、タメのない、浅いトップになってしまいます。

フェースを開きながらクラブを上げていくバックスイング、すなわち「オープンバック」のほうが、はるかに体を回しやすく、腕のたたみもスムーズでトップでも体が深く入ります。

実際、シャットを克服した生徒さんに聞くと、「シャットにクラブを上げていたときは、握りが強く、トップで窮屈に感じた」と言う人が大半です。オープンバックができると、握りが柔らかくなり、体の回転に連動して腕が動くので、クラブが自由になって自らの慣性で勝手に上がっていきます。

また、体の入った深い回転ができるので当然、飛距離も伸びます。このドリルをおこなうことで、オープンバックの感覚をつかむことができます。

方法

①ブロック状の板切れなどを用意（本書では発泡スチロールを使用）。アドレスの前傾姿勢をとり、両腕の上腕内側で横から胸を軽く挟んだら、両肩の真下で板切れを下から指で引っかけて持つ(1)。このとき、板切れを少々重さのあるものとイメージして、胸の真下でその重さをダイレクトに感じる。

②胸の正面に板切れの面を感じ、前傾したまま胸郭を右に捻転させていくと、右の股関節が上方に切り上がる。このとき右腕が短く、左腕が長くなる(4)。その動きに連動して右肩を後方に引くと、自分から見て板切れと胸の面はすでに90度右に回転しており、右腰の真横で板切れの面が自分のほうを向き、板切れの先端が少し上がる(2)。正面から見ると、腰の高さで

左手の甲と右手のひらが正面を向く。右手の中指と薬指で体に向かってレバーを引くような感覚と、左手小指を下から押して親指を立てにいく感覚がある。両腕を伸ばし、両腕が作る三角形をキープしたまままっすぐ引いてしまうと、左手の甲と右手のひらはボールの方向を向く(5)。シャットにクラブを上げている証拠だ。

③

②の体勢から少し胸郭を回して右ひじを90度にたたむと、両手は右耳の横に上がる。トップスイングでは親指の腹で板切れを下から支え、右手のひらと左手の甲が正面を向く(3)。このとき、左ひじを無理に伸ばさない。右ひじのたたみに合わせて左ひじも折りたたみ、ひじに少し余裕があったほうがグリップと胸の間に適度な空間ができ、バランスのよいトップになる。

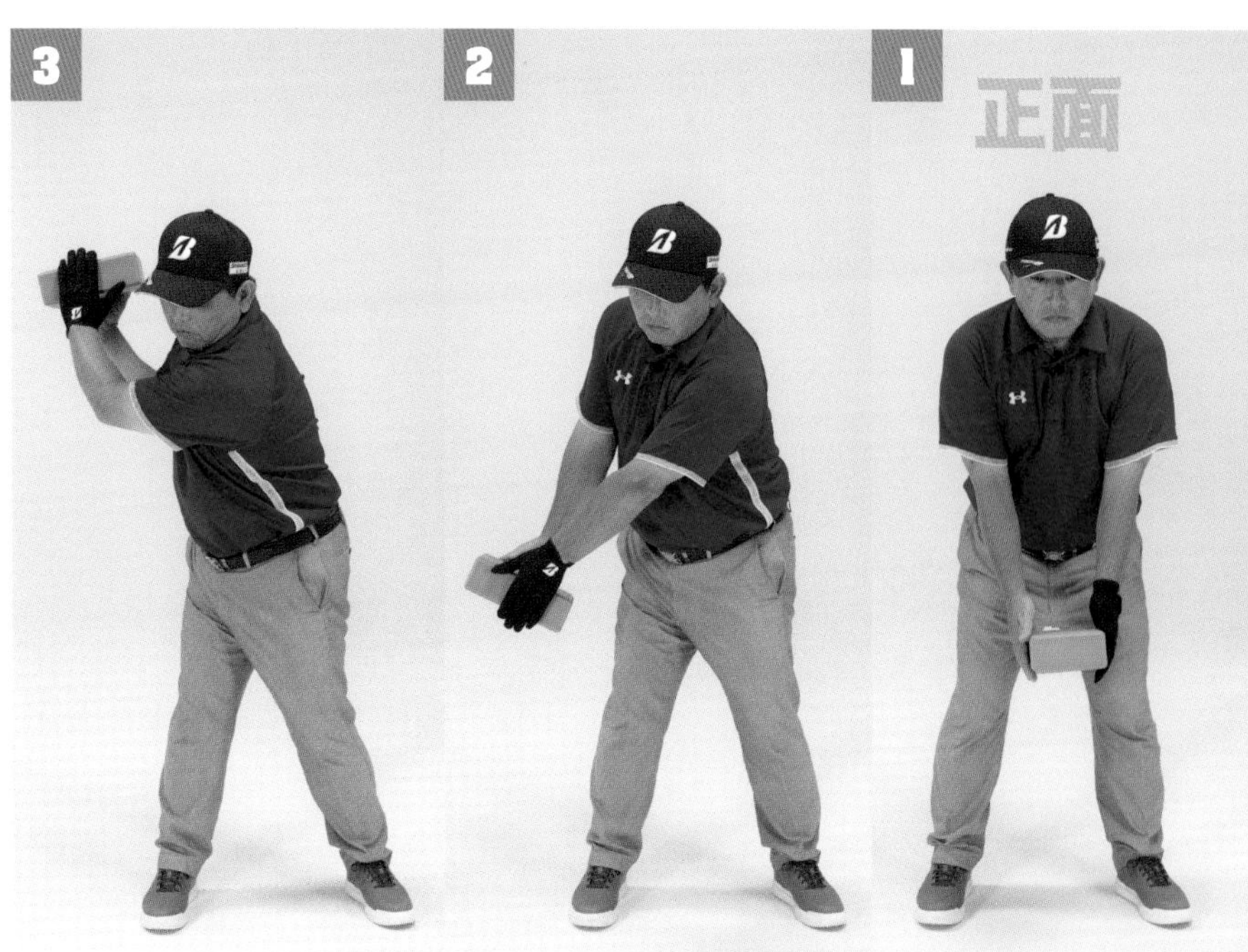

ワンポイントアドバイス

どうしても手が体から離れてシャットに上がってしまう人は、両ひじの内側に割り箸を挟んでこのドリルをおこなうといいでしょう。バックスイングの始動で胸の回転と一緒に割り箸を直角に切るイメージでインサイドに引くと、オープンバックのイメージがわいてきます。

Drill

ドリル 7

バックスイングドリル2
――左サイドを入れる

目的・効果

角材を使い、なで肩の状態のままバックスイングし、力みのないトップを作るためのドリルです。

ほとんどのゴルファーは、利き手を巧みに使ってスイングしようとします。しかし、それが力みと化すと反動を使ってさまざまなミスを引き起こします。スイングに大事なのは、右と左の協応動作です。「右サイドを引く」ときには、「左サイドは入れる」作業が必要になります。このバランスがとれないと、体を深く捻転できません。G1スイングでは、手でクラブを上げるのではなく、体の左サイドをしっかりと入れることで、両肩をストンと下げたまま、左肩をあごに近づけずにトップのポジションを作ります。このドリルをおこなうことで、左の背中が入っていく感覚がよくわかります。

方法

①約3㎝角、長さ1～1・5mほどの角材を用意。パートナーに首の後ろに角材を持ち上げてもらい、耳の高さで地面と平行にセットする。

②アドレスの姿勢をとって右手を腰の後ろに回したら、両肩をストンと落とす。首が長くなった、なで肩のまま上体を回し、左ひじを支点に左前腕を回内させながら親指を立てて、親指の腹を角材の下に添える。すると左の背中が引っ張られて体がしっかりあごの下に入る(1)。このとき左肩とあごの間に隙間があることが望ましい。左腕をまっすぐ伸ばすといかり肩になり、左肩であごを押し上げてしまうので(2)、左ひじは曲がっていてかまわない。ひじから先を立てて角材の下に潜り込むイメージは、お祭りの神輿を担ぐ感覚に似ている。ただし、左手が顔に近づきすぎるのはNG。左手は顔から10～15㎝ほど離れたところに上がり、懐に余裕がある状態を保つ。左手の親指で角材を下から支え、小指を上から角材に引っかけることができれば、角材はグラグラしない。

③②の状態で右手の甲を背屈させずに、ジャンケンのグーの形にして添えればトップの形が完成する(3)。両腕は柔らかく保たれ、両ひじを左右にパコパコと動かせるくらいリラックスしている。

3

1

2

× BAD

ワンポイントアドバイス

しっかりと右に回旋し、左の背中を入れていくことがポイントです。左の背中が入らないと、左手は角材に届きません。またボールを凝視しすぎると体が回らなくなるので注意しましょう。

Drill

ドリル
8

体側ストレッチドリル
――シニアのための捻転作り

目的・効果

ダンベルを使い、バックスイングとダウンスイングにおいて、体側を伸ばす感覚を養うドリルです。

両ひざを曲げたまま、体を水平に回転させる――そう思い込んでいるシニアゴルファーがいまだ多いことに驚きます。

上体を回しているつもりでも、実際はフラットな回転につられて頭も腰もひざも横にズレているだけで、スウェーを誘発するスイングです。肝腎の体幹において、雑巾を絞ったときのような捻転ができていません。

ダフリやトップが多いのは、その結果、体が突っ込んだり体重が右に残ったりするためです。

前傾軸に対して胸郭がその場で縦にねじれないと、体が回ったことになりません。この胸郭のねじれを促進する動きが「体側伸ばし」です。ひざの外側から脇の下まで、エキスパンダーを真上に引き伸ばしているような感覚があります。

スタンスを広げて立ち、頭を頂点とした三角錐(さんかくすい)をイメージしてください。バックスイングではその三角錐の頂点に向かって右の体側を引っ張り上げていきます。すると、右ひざが自然に伸びて体が捻転します。

ダウンスイングでは、逆に三角錐の頂点に向かって左の体側を引っ張り上げます。すると、左ひざが伸びて、腰が横へ水平移動することなく、その場で回転できます。上体も突っ込まなくなり、前傾キープの胸郭の縦回転の巻き戻しができます。

体が縮んでいると顔もボールに近づき、うまく回転できません。そのため手を上げて反動を使おうとします。このドリルをおこなうと、下から上へ巻き上げるスパイラルエネルギーをもらえるので、スイング全体に張りが出て飛ぶようになります。

方法

①重さ1kgくらいのダンベルを2本用意。肩幅よりもやや広いスタンスでアドレスの姿勢をとり、ダンベルを両ひざの外側に当てる(1)。ダンベルは500mLのペットボトル2本でも代用できる。

②①の体勢から、胸郭の縦回転を意識しつつ、右手に持ったダンベルを右の脇の下まで引っ張り上げる(2)。すると、右の体側がしっかりと伸ばされ、右ひざも自然と伸びる。このとき、肩やひじの動きを意識しないように。あくまでも胸郭のねじり上げを優先する。

③次に、①の体勢から同じ要領で、左手に持ったダンベルを

左の脇の下まで引っ張り上げる(3)。

④②と③の動作を繰り返す。三角錐の頂点まで引っ張り上げるつもりで胸郭をねじると、肋骨がキュッと締まる感覚がある。

⑤徐々にスタンスを狭めて同じ動作を繰り返し、ダンベルがエキスパンダーのように感じられると、胸郭と体側に柔軟性がついてきた証拠。右の体側を伸ばすことで体の各部位に連鎖反応が起き、トップでの体の回転が深くなる。ダウンでも左の体側が伸び、胸郭の縦回転に勢いがつくと左サイドに引っ張られてフィニッシュでは右足のかかとが上がる(4)。左の体側を伸ばせないと、右足に体重が残り、お尻が落ちたフィニッシュになってしまう(5)。

1　2　3

ワンポイントアドバイス

体側を伸ばす動きに連動して、前傾軸を意識したヤジロベエドリルの右回旋、左回旋をおこなうと、前傾を意識した回転スイングが完成します。「年だからもう無理だ」と諦めずに、ぜひチャレンジしてください。

Drill

ドリル 9

大胸筋ストレッチドリル1
——捻転を深くする

目的・効果

ゴムひもを使い、大胸筋の伸張反射を利用した切り返しをマスターするドリルです。

筋肉は、受動的に伸ばされると、損傷を防ぐために無意識に縮まるという特性をもっています。これが「伸張反射」です。わかりやすく言い換えると、ゴムの性質のようなもので、ピッチングやバッティングをおこなう際にも、この伸張反射が利用されています。

「スイングの出力」をどこで生み出すか——。これは、ゴルフスイングにとって大きなテーマです。

これまでは、おもに切り返しで左足を踏み込むことで下半身と上半身の捻転差を大きくし、出力を生み出そうとしてきました。

しかし、これらの動作は、まだ筋肉が柔らかく、バネのある若い人ならいいのですが、年齢を重ねて体力が落ちてくると、「振り遅れ」や「体の伸び上がり」につながり、大きな「軸ブレ」の原因を作ってしまいます。

体力が落ちた人でも、もっと簡単にスイングの出力を上げる方法が、大胸筋の伸張反射を利用した切り返しです。トップから切り返しにかけて、大胸筋と胸郭が斜め後方に伸びてから縮む伸張反射を使うと、体がバネのようなはたらきをしてスイングに勢いがつきます。

このストレッチでは大胸筋を伸ばし、胸郭をしっかりねじり上げることで、その「バネ」の力をより大きくします。継続しておこなうことで、非常に深いトップを作ることができます。

方法

①長さ50㎝ほどのゴムひもを用意。ゴムひもの右端を右手の親指と人差し指で挟み、左端を左手の人差し指と親指でつまむ。

②直立した状態で、左手の親指と人差し指を胸に当て、ゴムひもの左端をみぞおちより5㎝くらい上の位置に固定。右ひじを曲げてゴムひもをくぐらせる(1)。

③ゴムひもの上に右前腕部を載せ、手の甲を正面に向けて右手首を掌屈し、ジャンケンのグーの形を作る(2)。

④③の直立した体勢から、右胸を開く練習をおこなう。肩の位置はそのままで、ひじの角度を変えずに手のひらが正面を向くまで右腕を動かし、胸をしっかりと開く。胸の真ん中を縦に走る胸骨から大胸筋を引きはがすようなイメージ。

⑤右腕を③の位置に戻し、上半

身を前傾させてアドレスの姿勢をとる。体側ストレッチドリルでおこなった右手でダンベルを右脇まで引き上げる動きをミックスして、右腕と一緒に肩も動かす。すると、右手のひらが正面を向き、頭の後ろに隠れる(3)。⑥⑤の体勢から、伸ばされた大胸筋と胸郭を一気に戻し、縮ませる(4)。「戻す」というよりも、ふっと力を抜き、ゴムの弾性を利用して勝手に戻るイメージ。この動きを繰り返しおこなうと、切り返しで胸を引っ込める動作が自然と身につき、カバーリングがしやすくなる。力んで体が開いたり、起き上がる悪癖も矯正される。

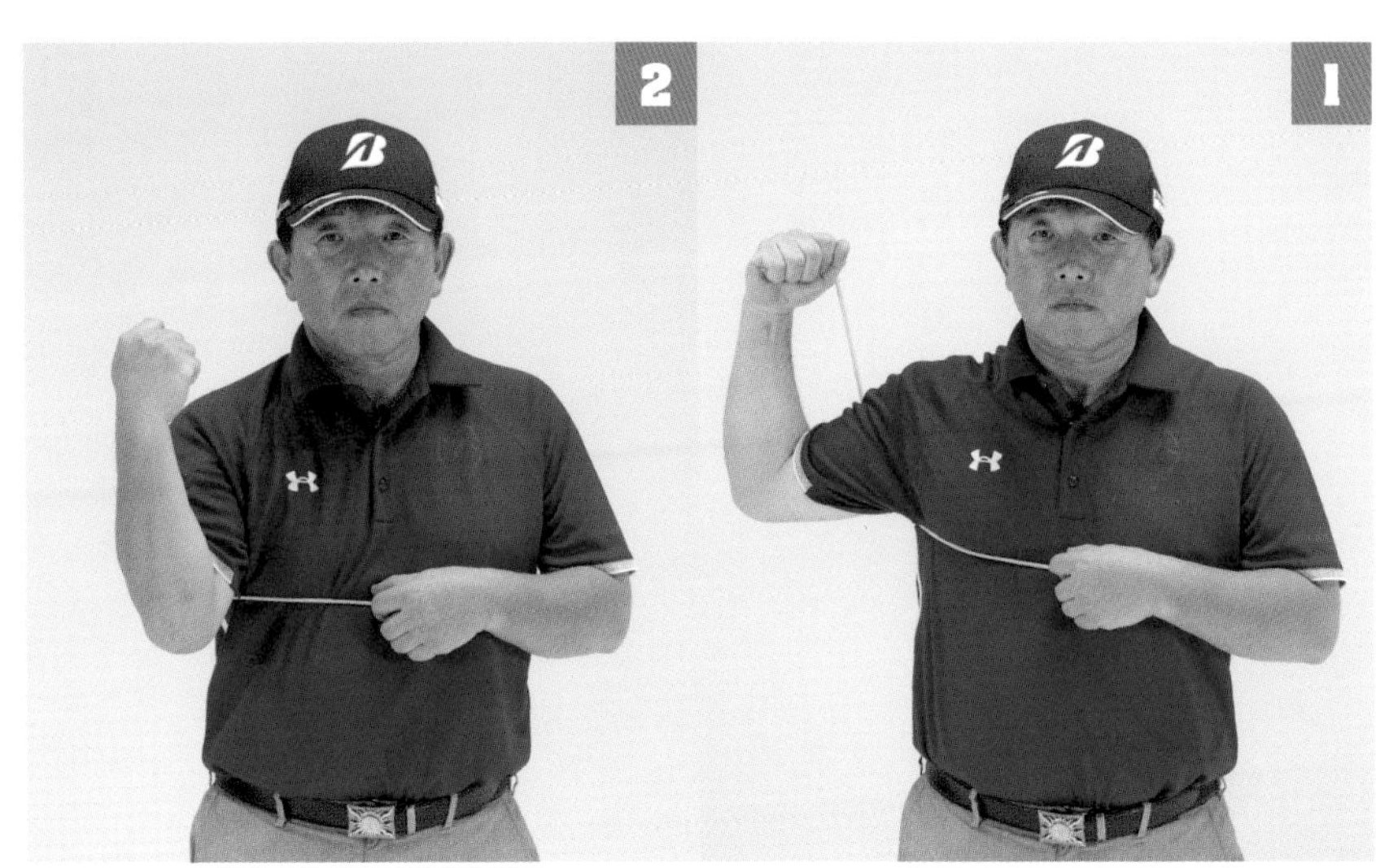

ワンポイントアドバイス

ゴムひもの弾性を利用することで、大胸筋と胸郭まわりの伸縮性がよくわかります。「縮むと同時に右肩を戻す」ことがポイントです。切り返しで力んでしまい、クラブをキャスティングしていた人にとって、柔らかくタメの効いたスイングを理解するきっかけになるでしょう。

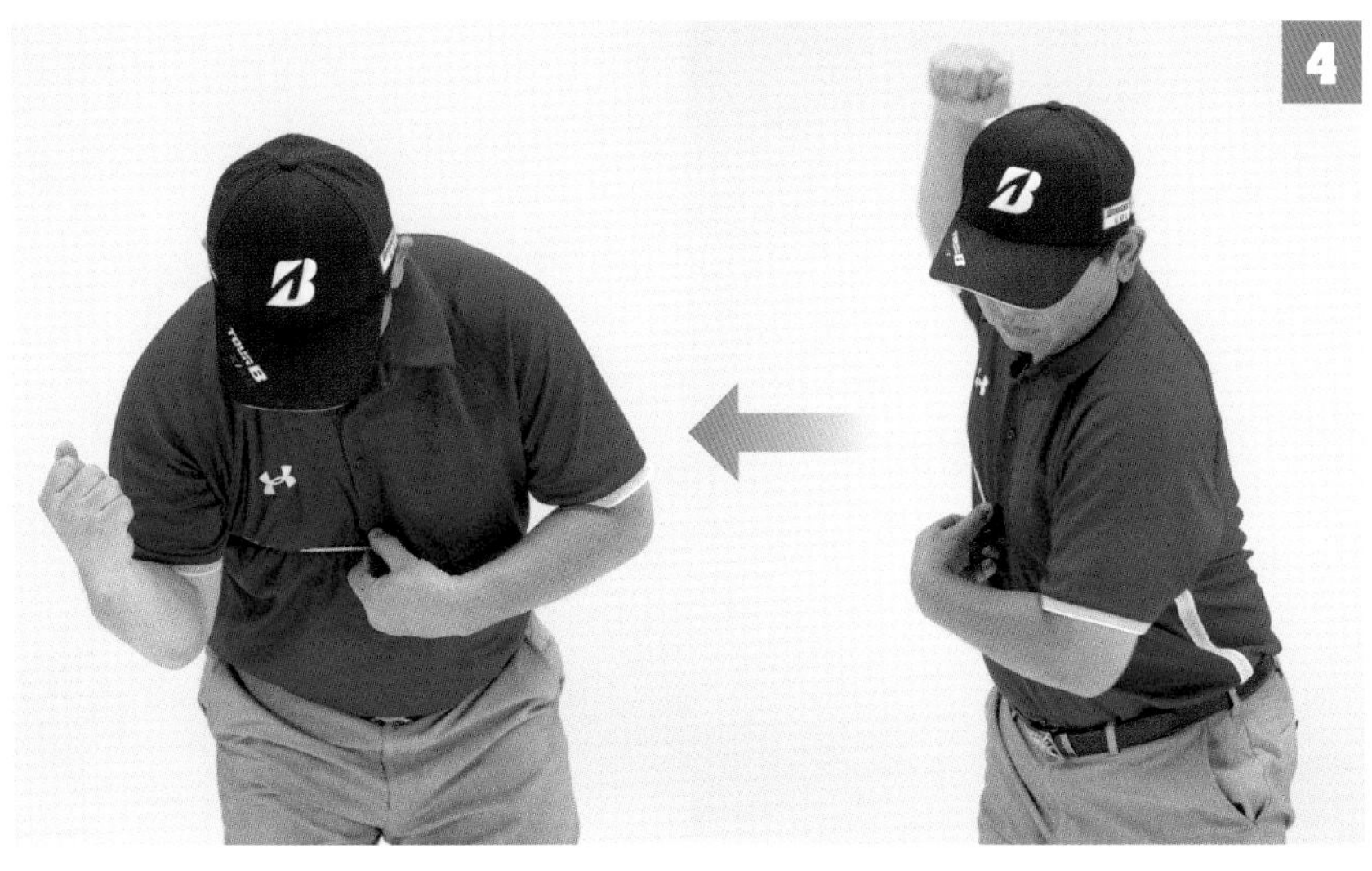

Drill

ドリル 10

大胸筋ストレッチドリル2

──捻転をさらに深くする

目的・効果

大胸筋ストレッチドリル1を、椅子に座った状態でおこないます。椅子に座って下半身を固定すると、胸郭だけがしっかりねじれるので、さらに効果的です。

野球のキャッチャーが、座った姿勢からランナーを刺すときのスローイングフォームに似ており、胸郭と大胸筋の捻転力が強化され、深いバックスイングができるようになります。

方法

①長さ50㎝ほどのゴムひもを用意。ゴムひもの右端を右手の親指と人差し指で挟み、左端を左手の人差し指と親指でつまむ。

②直立した状態で左手の親指と人差し指を胸に当て、ゴムひもの左端をみぞおちより5㎝くらい上の位置に固定する。

③右ひじを曲げてゴムひもをくぐらせる。ゴムひもの上に右前腕部を載せたら、手の甲を正面に向けて右手首を掌屈し、ジャンケンのグーの形を作る。ここまでは「大胸筋ストレッチドリル1」と同じ。

④③の状態で椅子に腰かける(1)。椅子は座面が回転しない、固定されたものを用意する。背骨を地面と垂直にしても、上体をやや前傾させても、どちらでもかまわない。

⑤④の体勢から胸郭をねじり、右ひじの角度を変えずに、右手のひらが正面を向くまで胸をしっかりと開く(2)。胸郭をねじる前に、胸骨の縦のラインからへそまでを引っ込めるイメージで、息を細く長く吐きながらねじるように心がけるとストレッチ効果大。右脇を締めてしまうと胸郭がねじれない。右脇をしっかりと開けて、胸郭を斜め後方に引っ張るようにする。

⑥目いっぱい胸郭をねじったら力を抜き、伸張反射を使って元の状態に戻す。このとき、必要以上に力を加えてはいけない。伸びた分だけ縮む感覚でおこなう(3)。

ワンポイントアドバイス

目いっぱい胸郭をねじったとき、右前腕の角度は背骨と平行になるくらいでちょうどいいと思います。右脇が開きますが、これはフライングエルボーではありません。しっかりと右脇を開いて、胸郭を動かすようにしましょう。

側面

3

Drill

ドリル 11

はたきドリル ―スイング出力を強化する

目的・効果

掃除に使うはたきを利用して、切り返しの感覚をマスターするドリルです。

多くの日本のゴルファーはこれまで、ダウンスイングでグリップエンドを真下に引っ張る動きを一生懸命練習してきました。そこから体の正面で手を返して、フォローではクラブヘッドと頭が引っ張り合うスイングを目指していたのです。

しかし、そのようなスイングは目指しません。そもそも、そんなスイングをしていたら、能動的に自分でクラブを操作する部分が長すぎて、回転することすら忘れてしまいます。要するにスイング時間が長いのです。

G1スイングでは、クラブが首の後ろに巻きついた深いトップから切り返す際に、その場でクラブをプロペラのように90度回転させて、クラブにトルクを与えます。G1メソッドでは、この伸張反射のねじり戻しと同時におこなう出力のことを「プロペラトルク」とよんでいます。プロペラトルクが発生するとスイングに勢いがつき、クラブが体に巻きついたまま一瞬のうちに高速回転できるので、ヘッドスピードがアップして飛距離向上につながります。

クラブにトルクを与えるのは、クラブが地面と水平なところから、角を感じて切り返し、右耳の横でクラブが立つところまでです。「ヨーイ、ドン」の切り返しで早々に終了するので、まるで「寸止め」しているように感じます。頭の右斜め上にある仮想ボールをインパクトしてスイングは終了。それ以降は体の動きに手がついていくだけで、「ボールを打つ」という感覚はありません。

この「切り返し即インパクト」の感覚をマスターすれば、能動的にクラブを動かす部分があっという間に終わってしまうので、スイングをあれこれ難しく考えなくなります。

ダウンスイングでのキャスティングや、ボールに合わせにいく打ち方で飛距離不足に悩んでいる人には特にお勧めのドリルです。

方法

①柄の長さが50㎝くらいのはたきを1本用意。右手ではたきの柄をグーの形で軽く持ち、胸郭と大胸筋のストレッチを意識しながら首の後ろに巻きつける。(1)。

②①の状態からはたきを置きっぱなしにして、右肩がはたきに近づくように右肩を入れる。同時に下半身を沈めて右の脇腹を中に押し込むと、右

耳の横でサッと小さな音がする。このとき、はたきを肩より下に落とさないことがポイント（2）。

この①→②の動作を何度も繰り返し、「切り返し即インパクト」のイメージを養う。このとき「バサッ、バサッ」と大きな音がするのは、右前腕の回外をやりすぎて、はたきの柄が横に倒れるまで腕を振っている証拠。また、右耳の横を通り越してからはたきが鳴るのも手でクラブを振っている証拠だ。

ワンポイントアドバイス

なるべく手の力を抜き、大胸筋の伸張反射を使って切り返すことを意識するのがポイントです。右手を置きっぱなしにして肩を入れるイメージでおこないましょう。クラブと体が同じ方向に動いているためクラブが減速せず、スイング後半にビュンッと音がするようになります。

1

2

Drill

ドリル

12

カバーリングドリル
―体圧で飛距離アップ

目的・効果

メディシンボールを使い、ダウンスイングで上体を前傾させてボールに体圧をかける「カバーリング」の動作をマスターするためのドリルです。G1スイングでは、手を使ってクラブをおろしません。クラブの落下に合わせてお辞儀をして、上半身の重さでボールを上から圧縮。ボールにかぶさるような動作をおこないます。この動作を「カバーリング」とよんでいます。

タイガー・ウッズ選手のカバーリングは強烈です。ダウンスイングでボールに覆いかぶさるかのように体圧をかけていきます。彼のスイング映像を見て、世界中のゴルファーたちがカバーリングに注目するようになりました。

カバーリングができると、クラブの落下に合わせて上半身の重さがダイレクトにボールに伝わるため、ボールがつぶれて勢いよく飛んでいきます。打感が明らかに変わります。しかし、ほとんどのゴルファーにとって、これまでやったことのない動きであるため、最初はかなり違和感を感じるでしょう。いきなりボールを打つことは難しいので、まずメディシンボールを使って、体の使い方=体さばきを覚えましょう。

1

2

方法

①重さ1～2kgのソフトボール大のメディシンボールを用意。アドレスの姿勢から右肩の上にメディシンボールを担ぎ、胸の面を右に回してゴルフスイングのトップポジションをとる。このとき、ボールを下から支えるように両手でメディシンボールを持ち、右手首は掌屈、左手首は背屈させる(1)。

②①の体勢から、メディシンボールの落下に合わせてカバーリング。両ひじを伸ばさずに胸の真下にボールを叩きつける。両足で地面をグッと踏み込み、かなり腹筋を使う(2)。このとき大事なのが、前傾を意識した3Dターンの体さばき。トップでねじった上半身が開かないように右の脇腹を中に押し込み、お辞儀をしながら地面に体圧をかけると同時にボールをリリース。リリースの瞬間、両ひじは伸び切らずに曲がったままだ。後述するが、カバーリングに合わせて、右頬の横で右にハンドルを切るイメージがある。右腕が外旋、左腕が内旋するなかで、右ひじを伸ばさずに右手の人差し指と親指の間からボールが抜け落ちる感じでリリースされる。ボールをリリースした後は右手が体に巻きつき、右手のひらが真上を向く。ボールの落下地点は見続ける必要はなく、体の回転に合わせて顔も回転させる。

右手を背屈させ、出前持ちのような形でメディシンボールを持ってしまうと(3)、右ひじが伸び、押し出す動きが入るためボールが遠くに落ちてしまうのでNG。また、腕を強く振ってボールを叩きつけようとすると、体が開いて自分の右側にボールが落ちてしまう(4)。

ワンポイントアドバイス

体の使い方は空手で瓦割りをする感覚に近いです。足の力と腹筋で地面を振動させるくらいのパワーをスイングに取り入れてください。ダウンスイングの出力に勢いがつき、一瞬のうちにスイングが終わるようになります。

Drill

ドリル 13

板挟みドリル
――回転力強化とスウェー防止

目的・効果

板を使って、スイング中の体幹の捻転と足裏を強化するドリルです。「静かな足の使い方」を目指して、スイングの土台を安定させます。

加齢とともに体の回転ができなくなり、手でクラブを操作するようになるのは、じつは脚力の衰えにその原因があることをご存じでしょうか。

股関節や足首の硬さにも考慮する部分はありますが、根本的にはスイング中、足裏でタコの吸盤のように地面をしっかりつかんでいないことに問題があります。浮き指状態になって地面をしっかりとつかむことができず、足裏のふんばりが利かなくなってくるため、かかとでスピンしている人が非常に多いのです。心当たりはありませんか？

このドリルは、両足の内側で板を挟んで体を回すことで、足の指とかかとで地面をしっかりつかんで体幹をねじる感覚を養います。内転筋を利かせてその場で回転するにもかかわらず、足の外側にもまんべんなく足圧の分布を広げて、足裏全体でふんばれるスイングを形成します。

スイング中に体の軸が左右にブレてしまう「スウェー」を防止するのにも、非常に効果的なドリルです。加齢とともにお尻

郵便はがき

112-8731

料金受取人払郵便

小石川局承認

1143

差出有効期間
2026年1月15
日まで

東京都文京区音羽二丁目
十二番二十一号

講談社

ブルーバックス 行

愛読者カード

あなたと出版部を結ぶ通信欄として活用していきたいと存じます。
ご記入のうえご投函くださいますようお願いいたします。

(フリガナ)
ご住所 〒□□□-□□□□

(フリガナ)
お名前 ご年齢 歳

電話番号

★ブルーバックスの総合解説目録を用意しております。
ご希望の方に進呈いたします(送料無料)。
1 希望する 2 希望しない

TY 000019-2312

この本の タイトル	（B番号　　　）

①本書をどのようにしてお知りになりましたか。
1 新聞・雑誌（朝・読・毎・日経・他：　　　　　　）2 書店で実物を見て
3 インターネット（サイト名：　　　　　　　　　）4 X（旧Twitter）
5 Facebook　6 書評（媒体名：　　　　　　　　　　　　　　）
7 その他（　　　　　　　　　　　　　　　　　　　　　　　　）

②本書をどこで購入しましたか。
1 一般書店　2 ネット書店　3 大学生協　4 その他（　　　　　　）

③ご職業　1 大学生・院生（理系・文系）　2 中高生　3 各種学校生徒
4 教職員（小・中・高・大・他）　5 研究職　6 会社員・公務員（技術系・事務系）
7 自営　8 家事専業　9 リタイア　10 その他（　　　　　　　　）

④本書をお読みになって（複数回答可）
1 専門的すぎる　2 入門的すぎる　3 適度　4 おもしろい　5 つまらない

⑤今までにブルーバックスを何冊くらいお読みになりましたか。
1 これが初めて　2 1～5冊　3 6～20冊　4 21冊以上

⑥ブルーバックスの電子書籍を読んだことがありますか。
1 読んだことがある　2 読んだことがない　3 存在を知らなかった

⑦本書についてのご意見・ご感想、および、ブルーバックスの内容や宣伝面についてのご意見・ご感想・ご希望をお聞かせください。

⑧ブルーバックスでお読みになりたいテーマを具体的に教えてください。今後の出版企画の参考にさせていただきます。

★下記URLで、ブルーバックスの新刊情報、話題の本などがご覧いただけます。
http://bluebacks.kodansha.co.jp/

が落ち、ひざが前に曲がってくるので、どうしてもスイング中にひざが横に流れてスウェーしやすくなります。シニアゴルファーのスウェー防止に最適なドリルと言えます。

方法

①30㎝×30㎝程度の大きさの正方形の板を用意。両足の内側でしっかりと板を挟み、内腿の内転筋を緊張させてスタンスし、アドレスの前傾姿勢をとる(1)。

②①の状態で、クラブを持たずにシャドウスイングをおこなう。前傾を意識して胸郭を斜め後方に切り上げたら、地面に体圧をかけながら回転する(2→3→4)。

大事なことは、両足の外側にも均等に体重を載せること。バックスイングで少しだけ腰の抵抗を感じて胸郭をねじると、左足かかと外側から小指を経て、右足小指からかかと外側へと、足圧がかかる位置が移動する。

また、ダウンスイングでは、胸の開きを抑えたまま背中を丸めて体圧をかけていくと、右足かかと外側から小指を経て、左足小指の外側からかかとの外側までしっかり足圧がかかる(5)。その間、体が回る方向に対して足裏では逆方向のベクトルがはたらき、両足親指の母趾球とかかとで地面を鷲づかみにして踏ん張り続ける。両足の外側にもまんべんなく足圧がかかると、ひざと腰の位置が変わらないので体の深い回転が可能になる。また、体幹に太い軸ができるのでスイングが安定する。このときのポイントは、両ひざの位置が横に流れないように、その場で回転する。

③フォロースルーでは、右足の母趾球で地面を蹴りながら

徐々に右足かかとが上がり、フィニッシュでは両足の太腿が密着。右足はつま先立ちになり、トントンと地面を叩くことで体重は自然と左足の外側にかかる(4)。このとき、なるべく左足の裏側が地面から浮かないように。ただし、股関節や足首が硬い人は、フィニッシュで左足のつま先がやや開いてもかまわない。

④次は45㎝×足の大きさ程度(25〜30㎝程度)の板を用意。板の辺の長さが短いほうを両足で挟み、①と同じようにアドレスの姿勢をとる。このとき、板の長さが長いぶん、①のときよりもスタンスが広くなる(5)。

⑤②と同じように、両ひざと両腰を横にスウェーさせずにシャドウスイングをおこなう。スタンスが広いぶん、両足の外側に荷重することが難しいが、ここでも内転筋を

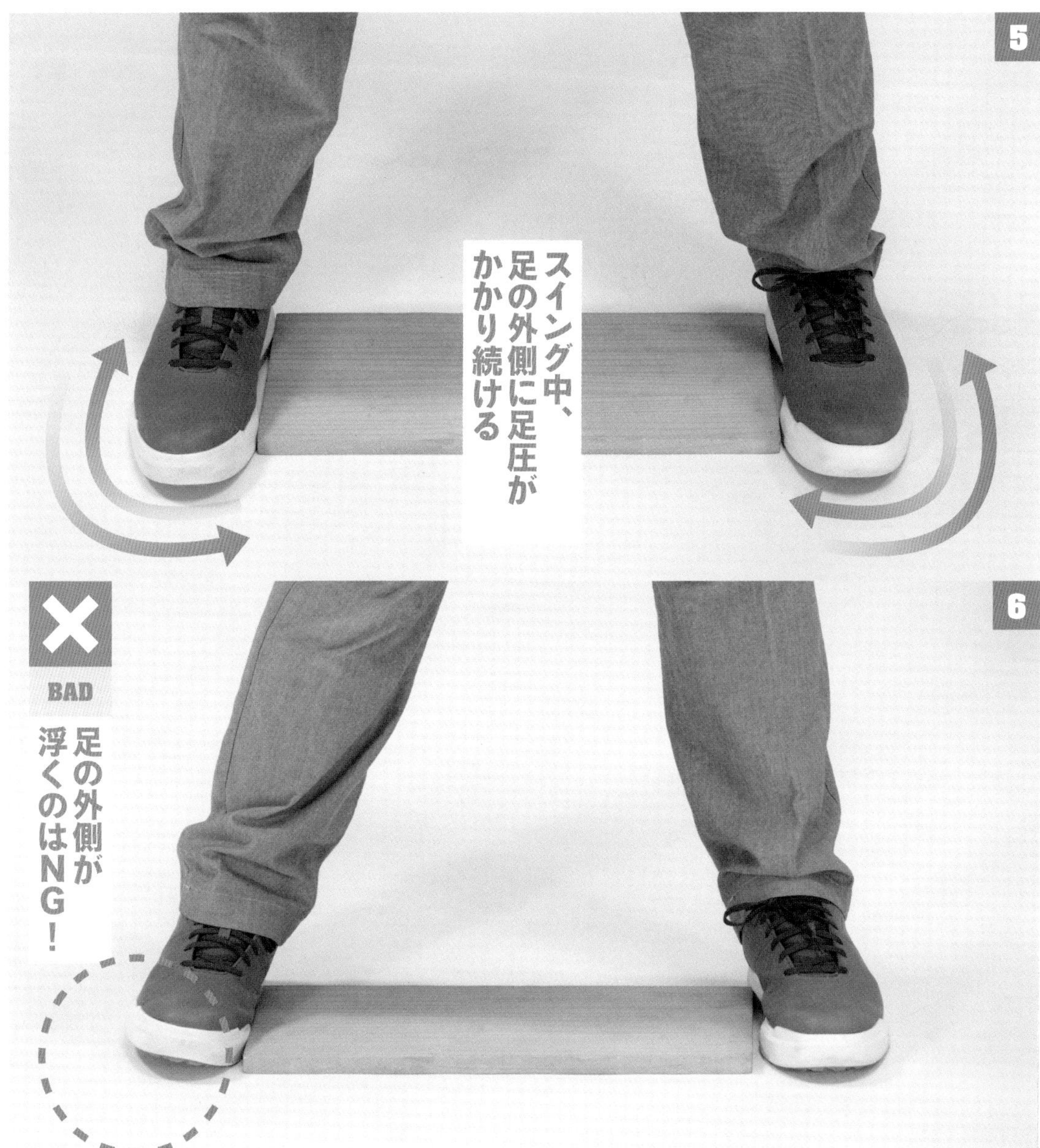

利かせながら足の外側に圧力をかけ続けることがポイント。板を挟むために内転筋を利かせているが、両足の外側が浮き、X脚で腰が引けたような形になるのはNG。足の外側や指が浮いてしまわないように注意する(6)。足の外側や指が浮いてしまうと、ひざが横に動いてスウェーにつながる(7)。正しい動きをマスターできると、足裏が地面に吸いつくような感覚が得られる。ゆっくりでかまわないので、最初から最後まで足の外側に圧力がかかるように繰り返しシャドウスイングをおこなう。

ワンポイントアドバイス

スイング中の足圧の分布は、軸がブレないスイングをするうえで非常に重要です。海外のトッププロたちも測定器を使い、必ずチェックしています。正しい足圧のかけ方をぜひマスターしてください。

BAD

BAD

7

Drill

ドリル **14**

ハンドルドリル
―右ハンドルでリストターン防止

目的・効果

車のハンドルを使ってシャドウスイングをおこない、スイング中の正しい腕の使い方、「手を返さない」スイングをマスターするドリルです。

日本では、いまだにスイング中のどこかで「手を返す」ことを教えているレッスンがほとんどです。「体を止めて、体の正面で手を返す」、あるいは、「体の回転に同調させながら手を返す」など、なんらかの手を返す動きが入っています。

私が教えているスイングは、右手を能動的に返しません。右手のひらが上を向いたイメージ（パームアップ）でターゲットの左に振っていきます。右手が左手の上にくるのは、フォローで右手首が掌屈しながらクラブが立つ瞬間からフィニッシュまでの間だけで、感覚的には「右手はつねに下」です。

野球のバッティングと同じく、クラブをねじらないほうがボールをフェースに載せて運ぶように打てるので、コントロール性が格段に高まります。

方法

①車のハンドルを用意（ハンドル状のリングで可）。自分から見て時計の3時の位置に右手、9時の位置に左手を当ててハンドルをはさみ、アドレスの前傾姿勢をとる(1)。

②そのまま体を右に回旋し、右耳の横までハンドルを上げる。トップでハンドルは地面と水平に収まり、左手の甲と右手のひらが正面を向く(2)。

③切り返したら、ヤジロベエドリルの要領で右足を踏み込み、上体をカバーリングしながら左回旋する動きと同調し、右腕を外旋、左腕を内旋させて時計回りに右にハンドルを切る(3)。そのため、右手はへその高さでひじが直角に曲がり、手のひらがつねに上を向いて動く。一方、左手は水平チョップの形で胸の高さをキープしながら動いていく(3、4、7)。これに前傾が加わって回転すると、手を返さないスイングを形成できる。

これに対し、手を返す動作はまったく逆。右腕を内旋、左腕を外旋させ、左にハンドルを切るように腕を使うのは絶対にNGだ(8)。

右にハンドルを切りながら回転すると、右肩が低い位置を通過する(3、4、7)。この動きは、肩の縦回転の動きを作るうえで非常に重要なポイントだ。いまのPGAの選手たちはダウンスイングで

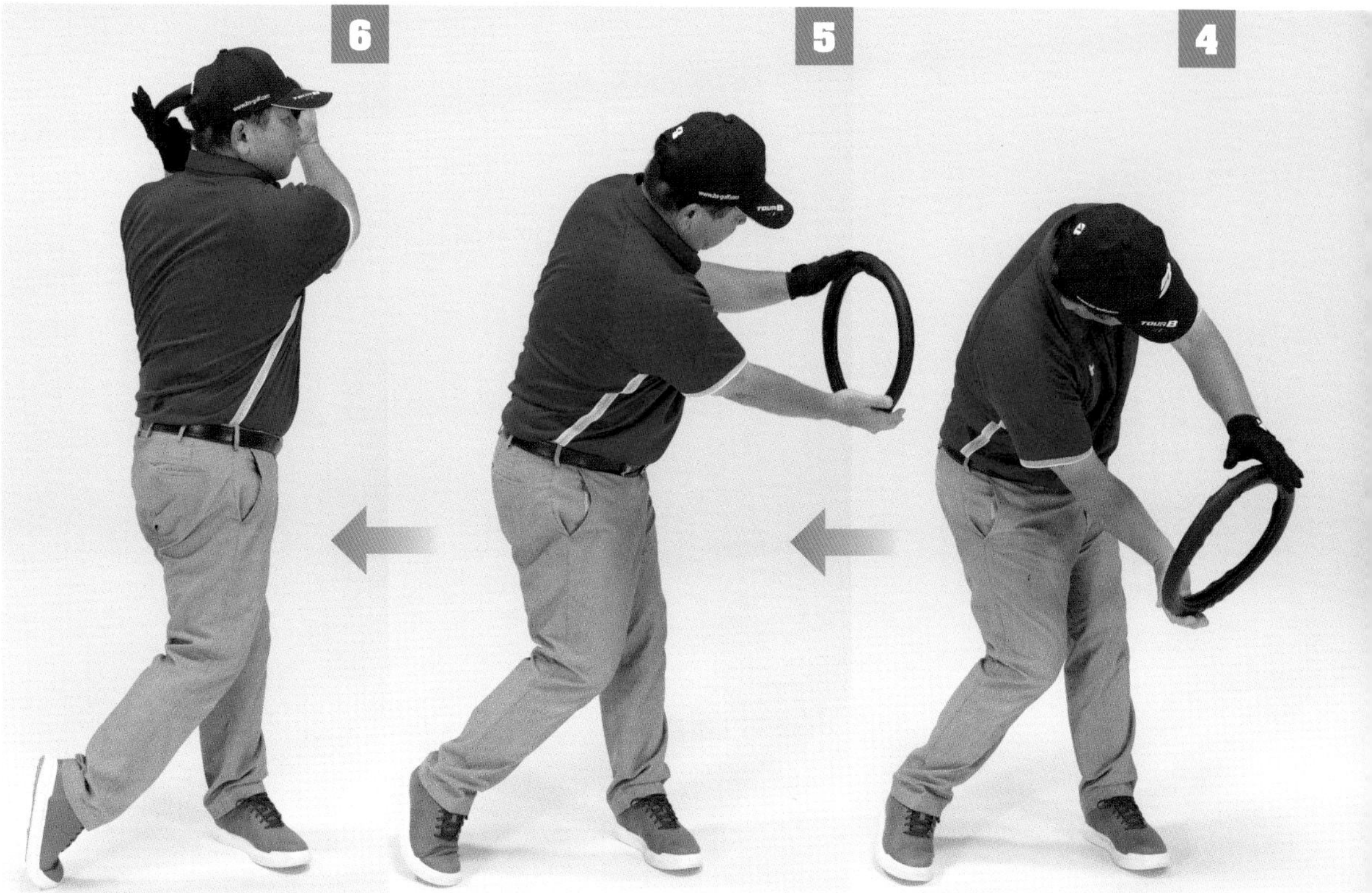

7

右肩が低い位置まで落ち、両肩のラインは縦回転している。トップの形は違っても、この点は共通しているので、注目してほしい。

飛球線後方から見ると、右肩が落ちて左脇が開いているため懐が広くなり、ターゲット方向の景色がよく見える（7）。ハンドルを左に切ると体が起きて水平回転になるため、懐が狭くなってしまう。ターゲット方向の景色が見えないのは、左にハンドルを切っている（手を使っている）証拠だ（9）。

④インパクトからフォロースルーにかけてハンドルが背中側に入れ替わっても、手はいっさいひねらない。つねに右手が下にあり、右手のひらが上を向いている（4、5）。

⑤フォロースルーからフィニッシュにかけて、左手は手のひらをターゲット方向に向けた「招き猫フィニッシュ」をとり、右肩をあごの下にしっかり入れていくことで手の返し、つまり、フェースローテーションを抑えたスイングができる（6、10）。

8

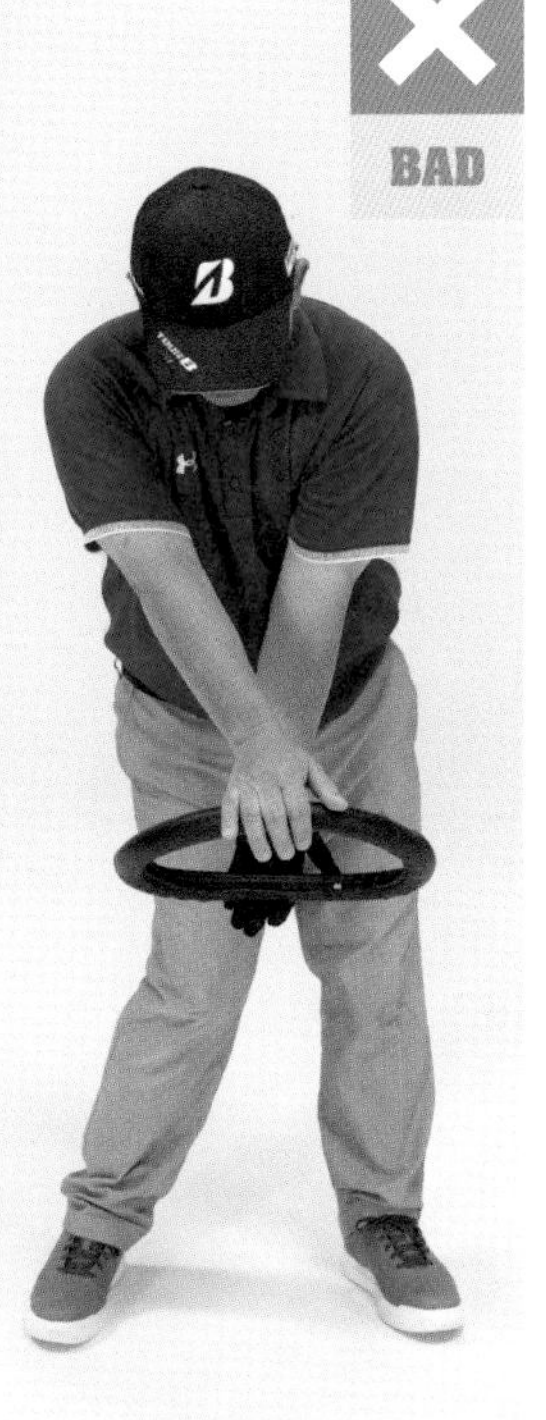

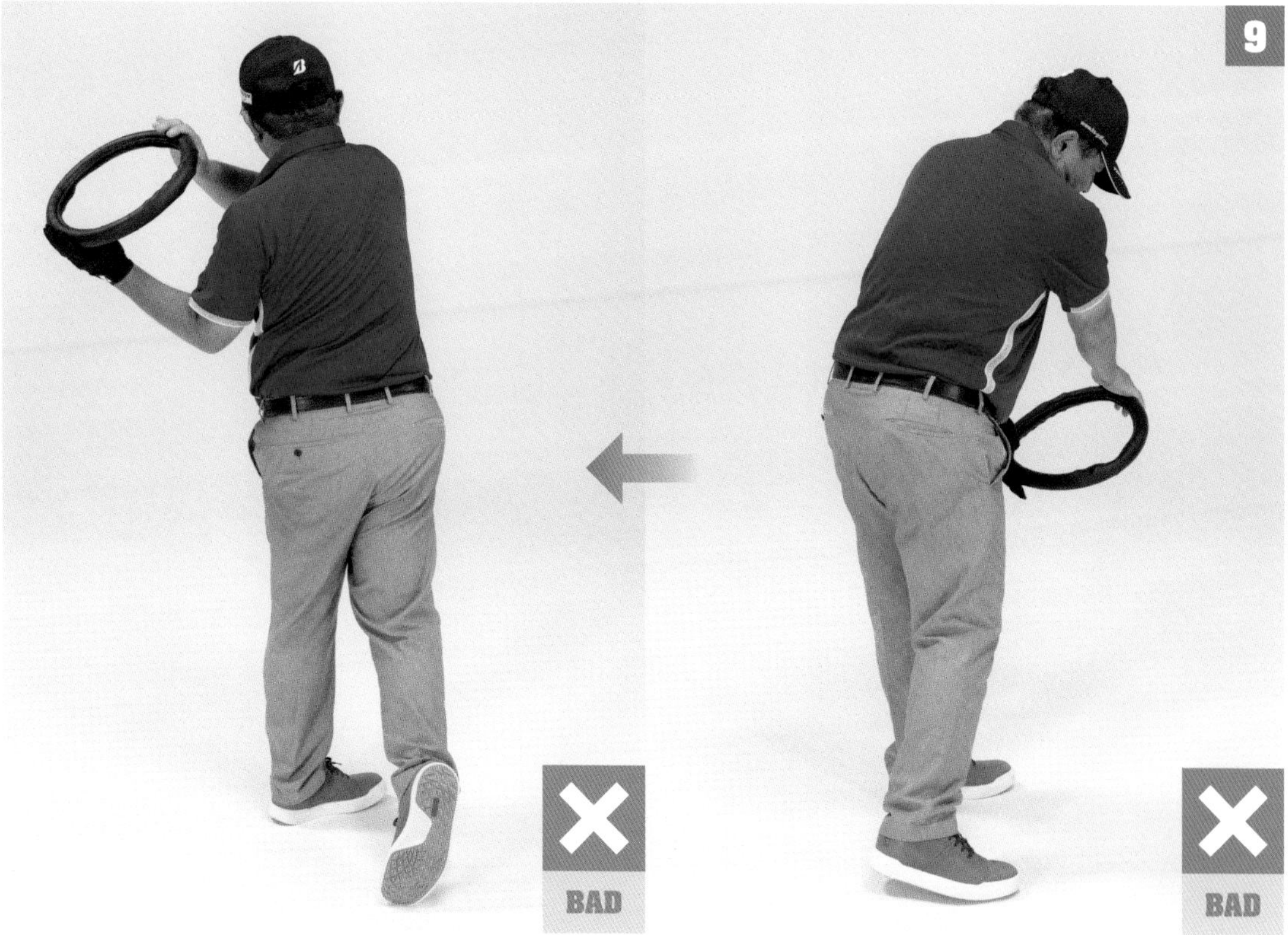

9

BAD

BAD

10

ワンポイントアドバイス

ポイントは、ダウンスイングで左手を下げないことです。左腕は内旋しているので、ダウンスイングでは左脇が自然に開き、高い位置（胸の高さ）をキープするのが正解です。左手を下げ、左脇を締めようとすると左腕が外旋して右手が上になり、左にハンドルを切ってしまいます。つまり、手打ちになってしまうので、絶対に左手を下げないようにしましょう。

Drill

ドリル 15

ライトハンドドリル1
――右手は体に巻きつけろ

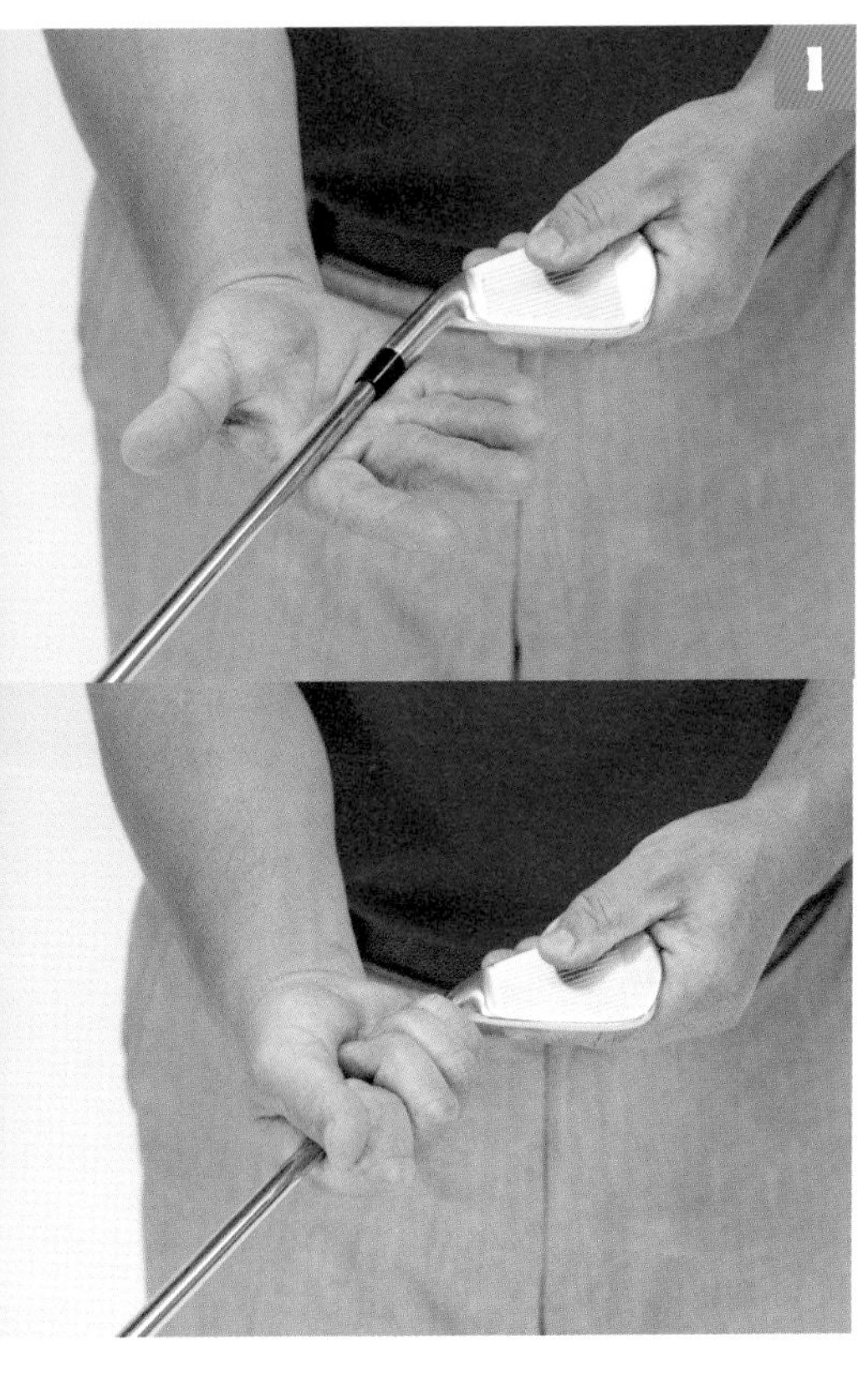

目的・効果

右手の使い方を覚えるドリルです。G1スイングでは、「器用な右腕をどう使うか」が大事なポイントと考えています。

日本人ゴルファーには、ボールに対してフェースを直角に当てようという信念が定着しています。ゴルフマットの角などにクラブヘッドを押し当て、ハンドファーストをイメージしている方を非常によく目にします。

しかし、この動き自体が手でボールに合わせる「押しの動き」のため、実際には振り遅れてフェースが開いた状態でボールに当たります。そのため、スライスで悩んでいる人が多いはずです。クラブヘッドは非常に速いスピードで動いているので、これをスクエアに当てるのは至難の業です。一貫性がないので、そのうちどんどん手で合わせるようになります。これでは、ヘッドは走らず、ボールはつかまりません。

また、振り遅れてさまざまなミスを誘発します。それを嫌がってフェースを返しにいくと、こんどは引っかけのミスが多発します。

G1メソッドでは、ミスの軽減と飛距離アップの両面から「押しのスイングを作らない」ことを心がけています。推奨している「巻きつきスイング」の名称の由来のとおり、ダウンスイングでは体さばきに合わせてクラブをお腹（胴体）に巻きつけるように右手を使います。クラブヘッドを目標方向に出してしまうと、ボールは右にしか飛びません。思い切ったスイングレフトをしたほうがボールをつかまえてくれます。目標方向ではなく、自分の背中側にボールを飛ばすイメージです。

感覚的に右手が体に巻きつくということは、右ひじが曲がったまま、ハンドレイトでヘッドから先にボールに当たっているイメージが正しいということです。クラブを逆さに持って右手一本でスイングすることで、この右手の使い方をマスターできます。

方法

①アイアンを逆さまにしてヘッド側を自分に向け、ヘッドのトゥ側を左に向けてネックの部分を下から右手で持つ(1)。

②肩幅の広さにスタンスをとり、直立した姿勢のまま右ひじを90度に曲げ、右手のひらを上に向けて手首をやや掌屈させてクラブを持つ。右手は自然とへその高さにくるので、ヘッドをターゲットに向けてシャフトを飛球線と平行にして構える(2)。クラブを持つ右手は、ジャンケンのグーの形で柔らかく握る。親指と人差し指でクラブを挟んでギュッと握ると、右手が背屈して「押しのスイング」を作ってしまうので気をつけたい。

③②の体勢から、右ひじを支点に右腕を体に巻きつける。右脇がドアの内側にある蝶つがいの役目をして、右腕とクラブは車のワイパーのように動く。そのためバックスイングすると、右脇の後ろがキュッと締まってくる。そのワイパーのような右腕の動きに合わせて、グリップは270度の円を描く。右ひじは固定され、前腕だけで左脇の下を通してシャフトを体の後ろ側まで巻きつける(3)。シャフトは最後までへその高さで、地面と平行のまま。グリップが落ちないように注意する。円を描く際、右足の前でいったんシャフトがまっすぐにな

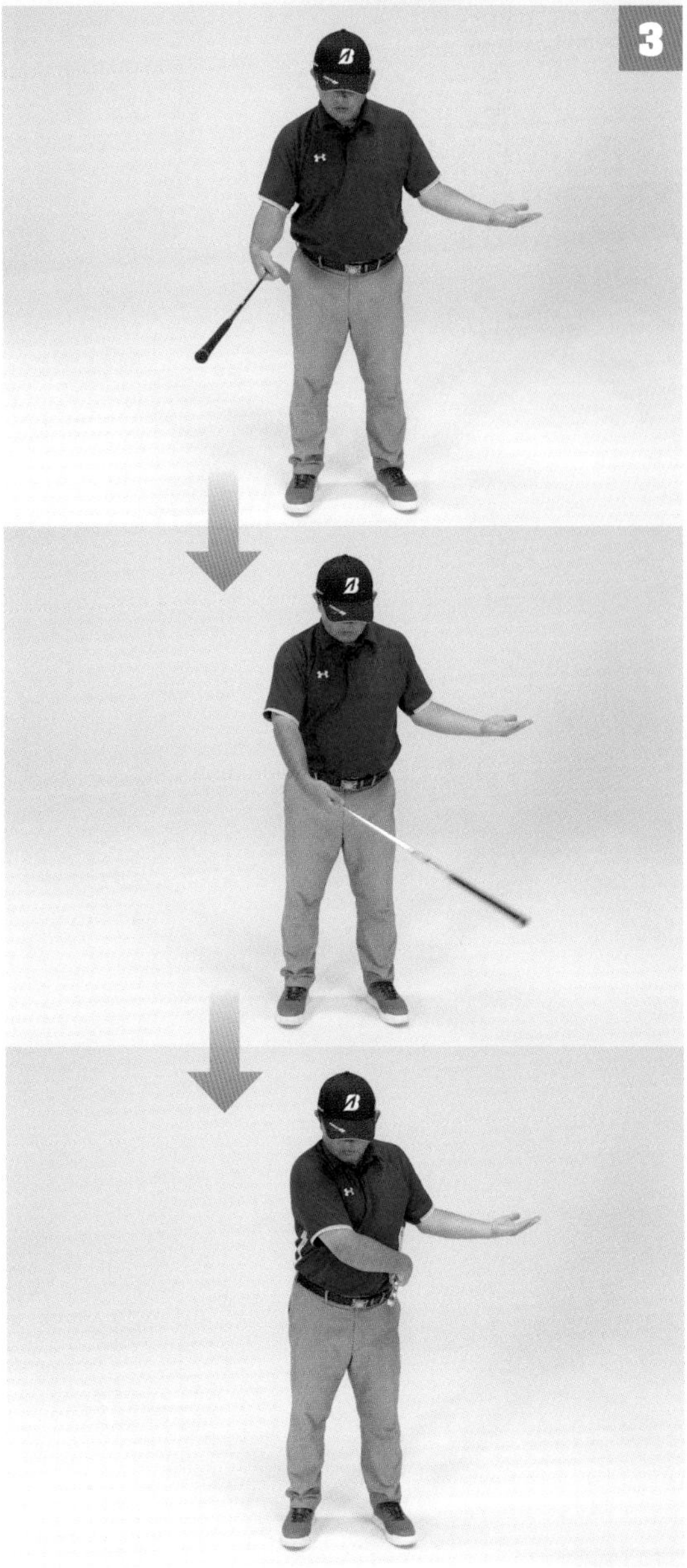

り、そこから右手首を掌屈しながら前腕を体に巻きつけ、シャフトの先端を背中側に回していく感覚だ。

このとき、握った右手のひらが上を向き続けることがポイント。右手首を背屈させて手のひらをボール方向に向け、クラブヘッドをボールに直角に当てようとすると、押しの動きが入ってクラブが体から離れ、ヘッドスピードは著しく低下してしまう。右手首は掌屈してクラブが体に巻きつくように背中側に回り込む。もしヘッドのトゥ側が反時計回りに反転していたら、手が返っている証拠（4）。トゥは最後まで真下を向いているのが、正しい手首のローテーションだ。

④次に、前傾してアドレスの姿勢をとり、右手を右肩の横まで上げ、クラブを立てる（5）。

その位置からクラブを立てたまま、クラブの落下を感じながら背中を丸めて体を入れていく(6)。

③のように、右ひじを支点にお腹まわりに右手を巻きつけると、へその高さを水平に振っているつもりでも、お辞儀をすることで右手のひらが完全に上を向き、グリップの先端は下降して地面スレスレを擦っていく。左腰が邪魔になるが、左のお尻を引くことで通り道ができ、シャフトの内側が左大腿部外側をえぐるように後ろに振っていく。最後に左のお尻の後ろでクラブを巻き上げるように右手首を掌屈させると、クラブが立つ(8)。

最終的に左のお尻の裏側にくるまで、右手はつねに掌屈して、ジャンケンのグーの形になっていることがポイント。右手が背屈すると、クラブを前に出す動きを誘発し、アウトサイドインのスイングになってしまう。右手は必ず掌屈したまま体に巻きつける(7)。

⑤最後に、クラブを立てたポジションから首の後ろに回して、トップのポジションにクラブをもっていく。その体勢から伸張反射を利用して体を入れていき、④の動作を繰り返す。感覚的にはアウトサイドインに感じるが、クラブの落下に合わせて体を入れて、この右手の動きが連動すると、クラブはインサイドからおりてくる。

ワンポイントアドバイス

フェースは真上を向き、ヘッドの裏面で地面を擦るような感覚ですが、ここはぜひメンタルブロックに打ち勝ってほしいところです。ヒール寄りのバンスから地面に接地して、スイングレフトができると、インパクトの直前にロフトが立ってボールがつかまり、ヘッドは地面を滑ってきれいに抜けていきます。

7

8

Drill

ドリル 16

ライトハンドドリル2
——切り返し即インパクト！

目的・効果

タオルを使って、右手の動きと体の動きを同調させるためのドリルです。

ボールに合わせない、クラブをねじらない、フェース面を変えないスイングを作る第一歩。クラブが体に巻きつく感覚を養うためには欠かせないドリルなので、私の生徒さんには必ずやってもらっています。

すべては「切り返し」で決まります。ところが、ほとんどのゴルファーはボールに早く当てたいために、切り返しでクラブを体から離してしまいます。そのために手が伸びて、さまざまなミスを誘発してしまうのです。

このドリルでは、体を丸めながらタオルを体に巻きつけて小さく回転します。その際に発生する遠心力を利用すれば、回転力の向上とボールへの圧縮が加わり、大幅な飛距離アップが期待できます。

ダウンスイングの出力のイメージを変えるきっかけとなる大事なドリルです。深く入ったトップから「チッ」とマッチを擦って火をつけたら終わり。それがゴルフスイングの出力のイメージです。

このドリルをおこなうと、はたきドリルで感じた「切り返し即インパクト」のイメージがさらに強まり、「スイングって、こんなに短いのか」「体の回転って、こんなに速いのか」と実感できるはずです。

これまでなかなか上達しなかった人は、「自分の長いスイングはなんだったのだろう」「いろんなことを考えすぎていたのか」「プロはこうやって打っていたんだな」など、多くのことに気づかされることでしょう。

方法

①長さ90㎝ほどのあまりゴワゴワしていないタオルを用意し、片方の先端に玉結びを作る。もう一方の端を右手で巻き込んで握り、右手首を掌屈。右手を右耳の横に上げて首にタオルをかけ、玉結びがあるほうの端を左の鎖骨あたりにセットする（1）。

②右脇を少し開けたポジション（2）から、右ひじを体の前に入れて背中が少し丸まる動き（3）を、「イチ、ニ、イチ、ニ」と何度か繰り返してから、「サン」でしっかりカバーリングしてフィニッシュまで振り抜き、タオルを首に巻きつける（4）。切り返した瞬間、タオルは体からいったん離れるが、玉結びの遠心力に引っ張られるように体が回転。タオルは首のまわりに勢いよく巻きつく。感覚的

には、タオルがずっと首から離れずに、首に載っているように感じるのが正解だ。

スイング中、右腕が伸びている感覚はまったくない。右手は最後までずっとグーの形でタオルを巻き込んだまま、体に巻きつく。自分でタオルを振るのではなく、結び目を作ったタオルの先端に引っ張られている感覚が大切。自分でタオルを振っている感覚があると、どうしても手を使ってしまう。カバーリングで地面に圧力がかかった瞬間にタオルの玉結びが勢いよく飛び出して、首に巻きつく自分のスイングを想像できるといい。

首にかけたタオルを右手で真下に引っ張る動きも絶対にやってはいけない。下に引っ張ると、右ひじが伸びてタオルが首に巻きつかない。タオルが胴体に巻きついてしまう人は、手を使ってタオルを振っている証拠だ(5)。

ワンポイントアドバイス

カバーリングドリルでおこなった足と腹圧で地面を揺らすような出力だけで、タオルを首に巻きつけるイメージです。運動会で使うリレー用のタスキを右肩から左腰にかけている自分を想像してください。右手の甲を正面に向けて、掌屈してタスキをつかみ、タスキに沿って体を丸めると、右手のひらが上を向き、右腕が胴体に巻きつきます。

Drill

ドリル 17

ライトハンドドリル3
――クラブを体から離さない

目的・効果

ゴムひもを使い、トップスイングで作られるクラブと右腕の角度を変えずにクラブをおろす感覚を養うドリルです。

シニアになったら、大きなスイングアークを求めることはやめましょう。かえって力みが生じ、スウェーや伸び上がりの原因を作ります。シニアは、腕を伸ばさずに、クラブを体に引きつけて小さく回転するスイングを目指すべきです。そのほうが速く回転でき、フォローで両腕を伸ばして頭と引っ張り合うスイングよりもヘッドが走り、飛距離も出ます。

スイング中に腕を伸ばしてしまうと、クラブの先端が体から離れていきます。ゴムひもをクラブの先端に取りつけると、この「クラブが体から離れていく動き」が一目瞭然です。ゴムひもを伸ばさずに一定のテンションをキープしてクラブを上から下に使うことで、クラブをなるべく体から離さず、体を中心に小さく回る感覚が体得できます。

方法

①長さ約1mのゴムひもと、ヘッドを外したアイアンシャフトを用意。ゴムひもの一方の端をシャフトの先端、もう一方の端にはカラビナ（開閉できる部品がついたリング）を結びつけ、カラビナをズボンの左腰にあるベルト通しに装着する。

②両足の間を10㎝くらい開けて直立。右手一本でグリップし、体の正面でシャフトの先端を地面に向けて、クラブを垂直に垂らす。

③②の状態から右手を頭より高く上げ、体の左側からシャフトの内側が背中を舐めるように反時計回りでクラブを回し、右手を右耳の横まで移動させる。このようにクラブを動かすと、クラブが背中側にあるままダウンスイングに入る感覚がわかる。

④右手が右耳の横まで移動したら、さらにスタンスを開いて上体を前傾させ、アドレスの姿勢をとる(1)。

⑤④の右耳の横でシャフトが立った体勢から、クラブを置き去りにしたままカバーリング。左回旋して体を入れていく(2)。このとき絶対にゴムひもを伸ばさないこと。ゴムひもが伸びたら、右ひじを伸ばしてクラブを前に出している証拠だ(3)。

⑥右腕とシャフトの角度90度を維持したまま体を入れて、ゴムひもが飛球線と平行になるまで体を回していく(4)。

スイング中にゴムひもが右手首に当たってしまう人は、手を返している証拠（5）。シャフトと右腕が作る90度の角度をキープしたまま、手を返さずに体を左回旋すれば、ゴムひもが手に当たることはない。感覚的にはアウトサイドインに振っているように感じるが、体幹のねじり戻しが先行してシャフトが遅れてくるので、実際のクラブの動きはアウトサイドインにはならない。

ワンポイントアドバイス

ライトハンドドリル1では「ハンドレイトでヘッドから先にボールに当たる」イメージでしたが、このドリルは「トップでできる右腕とシャフトの角度（90度）をキープしてレイトヒットする」イメージです。実際には、ヘッドが走って体に巻きつき、体を追い越していくので、手首は掌屈します。しかし、このドリルで手首の掌屈を使うとゴムひもが伸びてしまうため、右腕とクラブの角度をキープすることを優先し、ハンドファーストのイメージでおこなってください。

ドリル 18

スパイラルターンドリル1
——クラブはどう動くのか？

目的・効果

クラブの自由落下と慣性、すなわち「クラブの自由性」を損なわないクラブの動かし方をマスターするためのドリルです。

スイング中、クラブがどのように動いているかご存じですか？　ほとんどの人は、スイングの連続写真などで正面や後方から見たスイングプレーンをイメージして、その線をなぞっているだけで、三次元的には見えていないと思います。

PART2で明らかにしたとおり、クラブの自由性を活かして、なるべく重心が暴れないようにクラブを動かしてあげると、クラブは体のまわりでスパイラル（らせん状）の軌道を描きます。

頭上から見ると、プロペラが左回旋しながら落下するように見えます。そこに能動的な力がクラブに加わると重心が暴れてしまい、不規則な軌道に見えるはずです。クラブは振らない、おろさない——何もしなければ、クラブはスパイラルな軌道を描きながら落下して、最下点でボールをキャッチします。飛行機がタッチ&ゴーをおこなうように再上昇し、引き続きスパイラルな軌道を描きながらフィニッシュを迎えます。これが、私の目指している理想のクラブの動き方です。

このドリルでは、シャフトの真ん中付近を持ってクラブの動きを確認することで、「スパイラルなクラブの動き」を体感することができます。「体を効率的に使い、クラブの自由性を活かした、体に優しいスイング」を構築するG1メソッドの、最も重要な要素と言っても過言ではありません。このドリルでは「体がどう動くか」は気にせず、「クラブがどう動くか」だけに着目しましょう。

方法

①アイアンクラブを1本用意。
クラブのフェース面を上に向けて、シャフトの真ん中付近を下から右手で持つ(1)。

②アドレスの姿勢から体をひねり、クラブを首の後ろに巻きつける。このとき、フェース面は真下を向く(2)。

③切り返しでグリップエンドが正面を向き、シャフトが右耳の横で立つところまで体をねじり戻す(3)。クラブを首に巻きつけるイメージで、シャフトをなるべく体から離さない。このとき、フェース面はターゲット方向を指す。

④カバーリングの前に、左手の人差し指と親指でグリップを軽くつまむ(4)。右の背中が丸まるとともに、クラブは

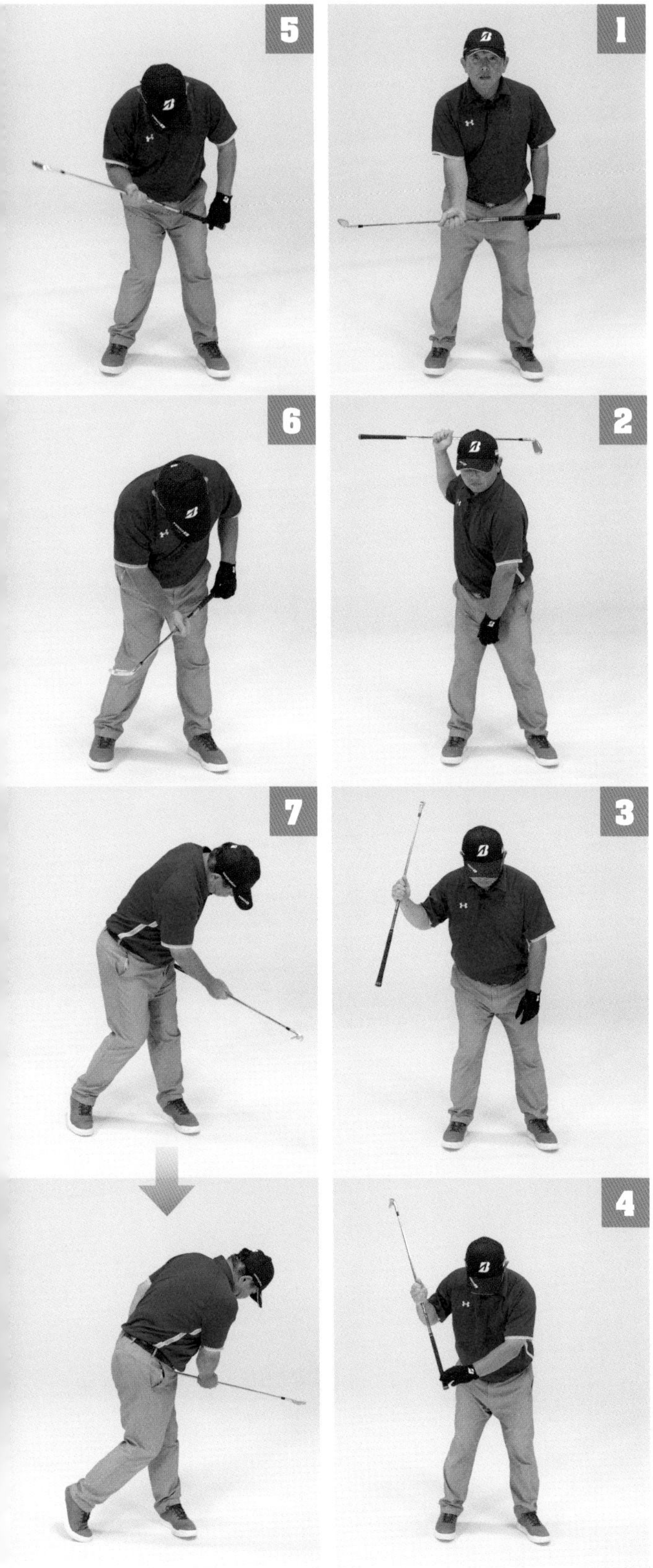

5 1 6 2 7 3 4

右肩から左腰に向かって斜めに落下していく(5)。このとき、クラブの落下はカバーリングに合わせるので、右腕は絶対に振らない。クラブを体から離さず、フェース面を自分のほうに向けながら落下させる(6)。
⑤左のお尻を右のお尻に入れ替えるように、左腰を引いて左回旋を終えると、グリップエンドは左腰の横をえぐるように入っていき、クラブは完全に背中側に入れ替わる(7)。このとき、フェース面は完全に上を向く。左腰に差した鞘に、刀を納めるようなイメージ。
トップの位置から徐々にグリップエンドの方向を変え、らせん状の軌道を描いて落ちてきたクラブが背中側に回り込み、ちょうど一回転(360度)することになる(スパイラルターン)。クラブの入れ替えをおこなっているだけで、腕でクラブを振ることはいっさいしていない。腕を振ってしまうと、ひじや手首を支点にクラブヘッドが返ってしまう。「自分で腕を振らない、腕をおろさない」ことがポイントだ。

ワンポイントアドバイス

②の時点で立体的なイメージができると、ダウンスイングがスムーズにおこなえます。上から見ると、クラブはトップからせん階段のような軌道を描き、体に巻きつきながら落下します。この回旋イメージに体さばきを合わせると、クラブの自由性を損なわないスイングが完成します。

Drill

ドリル 19

スパイラルターンドリル2
―腕を振らない、おろさない

目的・効果

エクササイズ用ポールを使用して、クラブがスパイラル（らせん状）に落下しながらターンする感覚を養うドリルです。

直径が大きいエクササイズ用ポールを使うことで、クラブを体に巻きつけてらせん状に動かすと、いかに体が回転しやすいかということを体感できます。「回転するだけで腕を振らない、おろさない」スイングを覚えるために、非常に効果的なドリルです。

野球のバットスイングに近いタメができて、両ひじが伸び切らずに曲がったままインパクトを迎える感覚が身につきます。

方法

①エクササイズ用ポールを用意。下端から20㎝くらいのところを両側から挟むように両手で持ち、アドレスの姿勢をとる(1)。

②顔の右側でエクササイズ用ポールを担ぎ、先端をターゲット方向に向ける(2)。ポールは地面と平行で、右手は手のひら、左手は甲が正面を向く。右手はやや掌屈し、左手は背屈。なるべく左肩は押し上げずになで肩の状態を保ち、ポールを下から支えるように持つ。神輿を担ぐようなイメージだ。

③②の状態から体を入れて、エクササイズ用ポールを右耳の横で立てる(3)。この時点で、自分から見て、ポールは時計回りにやや右回旋する。

④上体をカバーリングして左回旋していくと、ポールの下端は左腰の横に向けて斜めに入り、ポールの上端は上から下へと落下して、自分から見て右腰前の延長線上にくる。右手は完全に下の状態だ(4)。このとき、絶対にポールを手でおろさないことが重要だ。手でポールをおろしてしまうと、エクササイズ用ポールが体から離れていってしまう(5)。

⑤背中越しにエクササイズ用ポールを入れ替えることをイメージしたら、インパクトは通過点としてとらえる。左回旋しながらターゲットに正対するまで体をしっかり入れると、ポールの下端は左腰をえぐるように両ひじに引っ張られ、背中側に深く入れ替わる(6)。このときも右手が下のままだ。

⑥最後に、上体を起こしてエクササイズ用ポールを地面と垂直に立てる(7)。

ワンポイントアドバイス

エクササイズ用ポールを使って、ゆっくりスパイラルターンの動きをおこなうと、最初から最後までクラブが体に巻きついて、体から離れない感覚がよくわかります。クラブより少し重いので、体幹のバランス強化にもつながります。ぜひやってみてください。

Drill

ドリル 20

後半加速ドリル1
―ヘッドスピードが上がる

目的・効果

ボールをインパクトしてからヘッドを加速させるための左手と右手の使い方、スイングレフトを学ぶドリルです。ここでは体の回転はほとんど使わず、手の動きだけを意識しますが、正しい腕の使い方ができると、自然と体の回転もついてきます。

G1スイングでは、クラブヘッドを飛球線に沿ってまっすぐには出しません。インパクトゾーンでクラブヘッドを直線的に動かそうとして、手をターゲット方向に突き出してしまうと、体が残ってクラブヘッドは加速しません。加えて、フェースが開く原因にもなってしまいます。

ところが、日本のゴルファーには、クラブを直線的にまっすぐ振り出す人が非常に多いのが現状です。したがって、私はふだんから「クラブを左足から前方に出さない!」「クラブは自分の背面に向かって後ろに振っていかないと、ヘッドスピードが上がらないし、ボールはつかまらない」と、生徒さんたちに口を酸っぱくして教えています。

ヘッドを後半加速させるために最も大切なことは、スイングレフトです。「角のあるスイング」で左にクラブを振っていきます。インパクトを過ぎたらグリップエンドの進行方向をキュッと90度変えて、左腰の横に入れていきます。すると、体の回転とクラブの動きが同調し、インパクト後にクラブヘッドは加速します。これが「角のあるスイング」です。

このドリルでは、左手一本と右手一本でそれぞれの役割を練習することで、後半にクラブを加速させるための腕の使い方を覚えることができます。

方法

①シャフトの先端にボールを取りつけた自作の練習用具を使用する(1)。サンドウェッジなどの短いクラブのシャフトからヘッドを取り外し、シャフトの先端をゴルフボールに貫通させて固定するだけなので、簡単に作ることができる。シャフトはカーボンでもスチールでも、どちらでもかまわない。先端の軽いものを振ったほうが体に巻きつきやすく、体への負担も少ない。

②肩幅の広さにスタンスをとったら、左手一本でクラブを持ち、上半身は直立させたまま野球のバッティングポーズをとる。胸の高さで左腕を内旋、右耳の横でシャフトを立てて構える。

③②のポジションから、立てたシャフトを首に巻きつけな

がら左回旋し、グリップエンドをターゲット方向に向けるとクラブが水平に倒れる（2）。左ひじは水平チョップのように曲がったままで、左手の甲が上を向いている。左脇は無理に閉じてはいけない。左脇は自然に開けたまま、クラブを動かす。

胸の高さに飛んできたインハイのボールを打ち返すイメージ。トップから左ひじをうまくたたんで、最短距離でボールにコンタクトする。

④グリップエンドを支点に、カクンとタイミングよくクラブの進行方向を90度変えて、クラブを背骨の後ろまで回す（3）。クラブが背中側に入れ替わる瞬間に最も加速する。実際には、右肩の回転が連動するので右肩の後ろから遅れてクラブが出てくるが、グリップエンドをターゲット方向に引っ張ってはいけない。

このとき、左脇の後ろ側がドアの内側にある蝶つがいの役目を果たす。左腕は内旋したままでフェースを開く方向に使うと左脇の後ろが強烈に締まり、シャフトが立ってくる。左ひじを伸ばさず、小さく回転してシャフトが体から離れないようにすることがポイントだ。

⑤次は右手一本でおこなう。やり方はライトハンドドリル1の②、③と同じ（83～84ページ参照）。背中側までしっかりクラブを巻きつける。

ワンポイントアドバイス

左手はクラブの進行方向を示すガイド役、右手はクラブを体に巻きつける役割を果たします。ゆっくりしたスピードでかまわないので、正しい左手と右手の使い方を覚え、スイングの後半にクラブが加速していく感覚を身につけましょう。

Drill

ドリル 21

後半加速ドリル2
――シニアから飛距離を伸ばす

目的・効果

後半加速ドリル1では、片手でクラブを持ち、直立した状態でシャフトを地面と平行に動かしました。後半加速ドリル2のヒットダウンドリルでは、前傾した姿勢で実際のスイングのようにクラブを動かし、シャフトの先端に取りつけられたボールで人工芝のマットをヒットします。

「You Tubeで見るG1の生徒さんのスイングは、どうしてあんなにキレキレなんですか?」とよく聞かれます。

それは、深く捻転したトップから左腰の横に向かって「角のあるスイング」をし、クラブが入れ替わるときに回転スピードが上がるからです。

実際にやってみるとわかりますが、体力的にかなりキツいドリルです。でも、このドリルを繰り返しおこなえば、スイングの後半で加速するようになり、間違いなく飛距離が伸びます。

方法

①後半加速ドリル1と同様に、シャフトの先端にボールを固定したクラブを使用する。グリップのマークを上に向けた状態でボールを4等分にし、アドレスしたときに、自分から見てボールの右下になる部分に黒などの色を塗る(1)。このドリルでは、必ずこの色を塗った部分でマットをヒットする。ゴムティを刺すと、どうしてもゴムティに当てにいってしまうので、ゴムティは使わない。

②まずは左手のヒットダウンドリルから。アドレスの姿勢をとったら左手一本でクラブを持ち、へその高さでグリップ側をターゲットに向けてシャフトが飛球線と平行になるように持つ(2)。左手の甲が真上を向き、シャフトと左手首の角度は約90度。左ひじがやや曲がって左脇も開いている。このシャフトと左手首が作る90度の角度をキープしたま

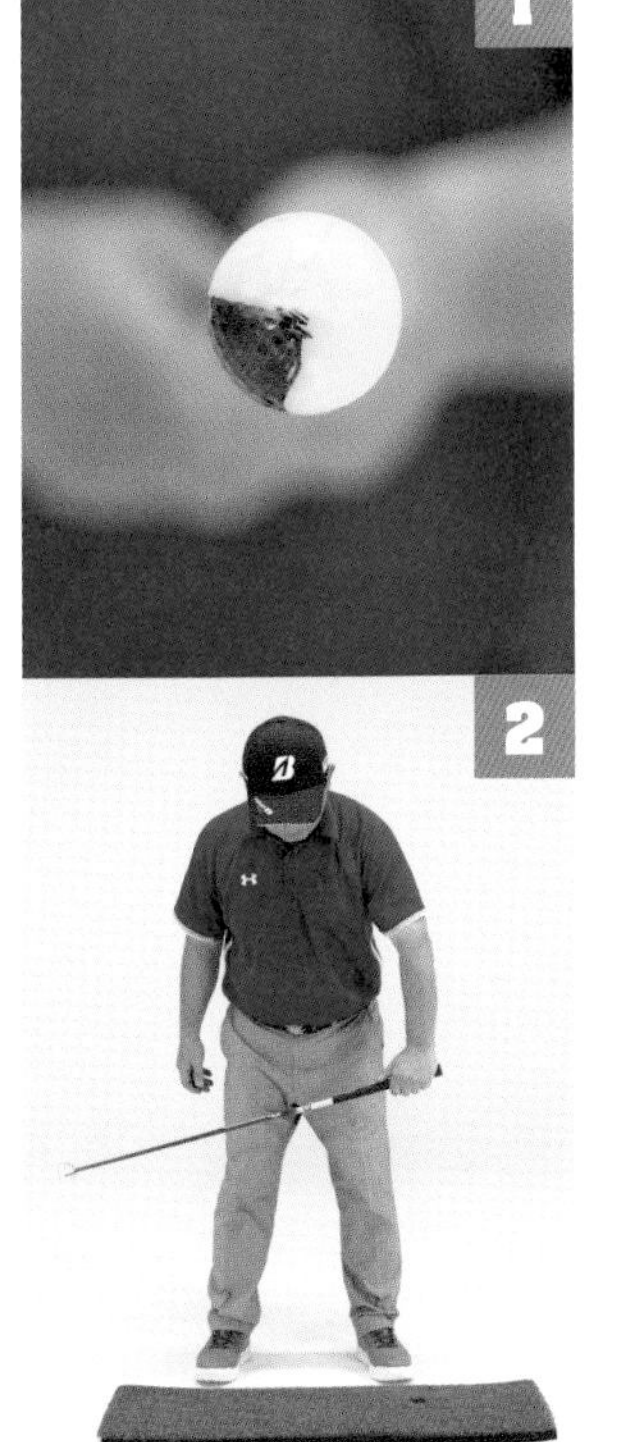

ま、シャフトの先端に取りつけられたボールをマットに落とす（3）。シャフトと左手首の角度を90度よりも大きく広げてシャフトの先端を落としてはいけない。クラブは動かさずに自分がカバーリングして沈み込み、左回旋していくことで、胸の真下、つま先前方の地面をボールが擦っていく。このとき、シャフトの先端につけたボールがマットにドンと当たらないように注意する。

③ボールがマットに触ったら「角のあるスイング」で、シャフトの内側が左太腿部外側をえぐるように後ろに振っていく（4）。このとき左親指は飛球線後方を指したまま、左前腕部を回外させるのがポイント。左脇の後ろが締まり、シャフトが立つ（5）。これができれば左手はターゲット方向に出ない。

④次は、②の状態より少し体を捻転し、右耳の横でシャフトが地面に直立した状態からスタートする（6）。左手は絶対に下に引っ張らない。後半加速ドリル1でおこなったように、インハイのボールを打つイメージで胸の高さで左手を動かし、空手で瓦割りをするときのように下に体圧をかけて沈み込む（7）。ボールがマットに触れた後の動きは③と同じ。ボールを滑らせるように思い切り自分の後ろ側に振っていく。

⑤左手の最後は、トップのポジションからヒットダウンドリルをおこなう。左手の甲を背屈させて自分のほうに向けながら、左手の甲で後頭部を触るようなイメージでクラブを上げる（8）。このとき捻転が浅く感じる人は、右手を左ひじの下に入れ、左腕をストレッチさせる感じで、しっかり胸郭も捻転させる。その状態から④と同じように、

左手一本でスイングする。

⑥続いて、右手一本でヒットダウンドリルをおこなう。右手は右耳の横でシャフトが立った状態からスタートする(9)。手首を掌屈させ、ジャンケンのグーの形でクラブを持ったら、クラブの落下に合わせて右手のひらを上に向け、ボールの右下の部分がマットを擦るようにクラブを振っていく(10)。このとき、一気に左に荷重すると体が突っ込んで空振りしてしまう。切り返しでは、胸の面の開きを抑えて右ひざを少し前に出しながらお辞儀をして、右前腕の内側を自分のベルトラインにくっつける(11)。すると、クラブの落下に合わせて右軸のまま両肩が縦に回転していき、目線も右目が下になる。左腰を右のお尻があったところに引き、左腰の横にグリップエンドを入れていく(12)。右手一本の場合、特に手を返しやすいので、必ずボールの右下の部分がマットを擦ることを意識する。

⑦次に、右手一本でトップのポジションからヒッティング

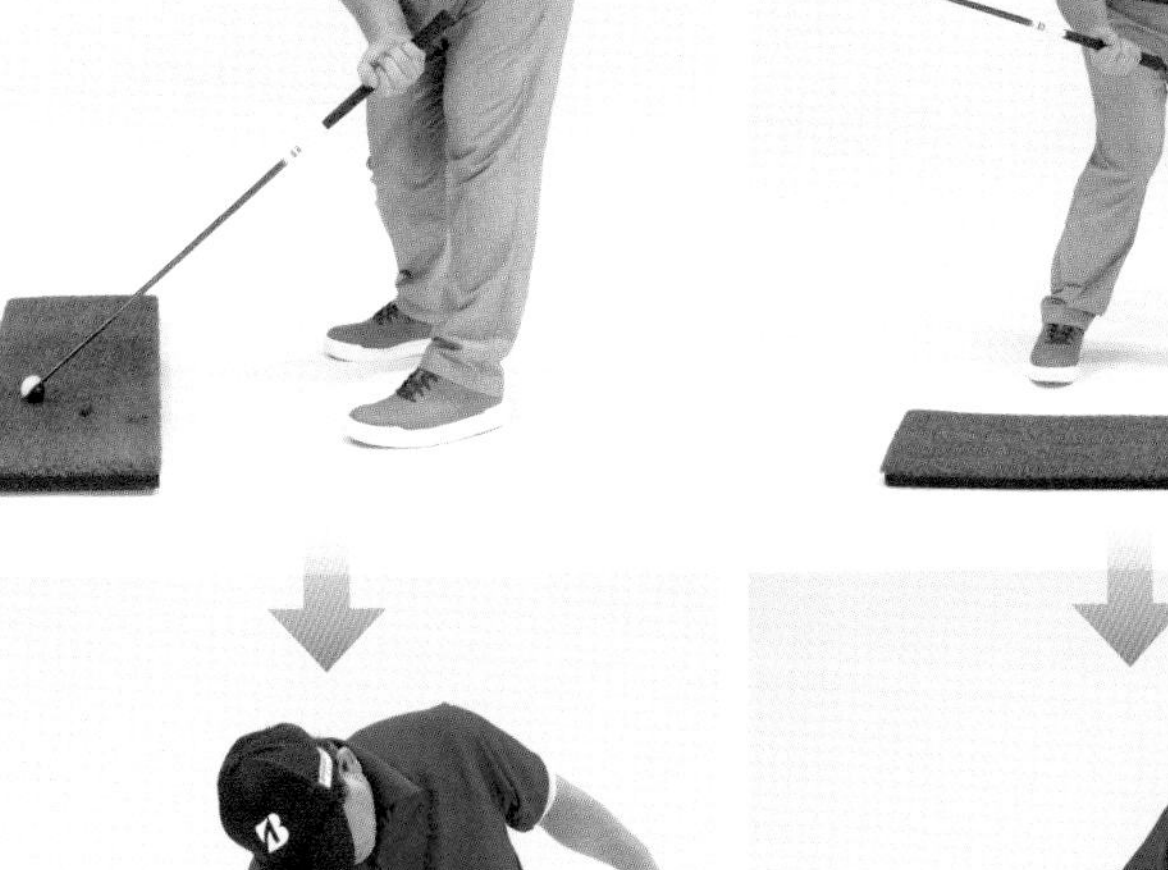

ドリルをおこなう。右耳の横でシャフトを立てたポジションから、大胸筋を開いて首の後ろにクラブを巻きつけ、伸張反射を利用してダウンスイングを開始したら、一気にフィニッシュまで振り切る(13)。

⑧両手でクラブを持ち、ヒットダウンドリルをおこなう。まず腰の高さにクラブを上げたポジションから、体を沈み込ませてマットをタッチ。そのまま一気に後ろに振り抜いていく。このポジションから後半加速の練習をしておくと、アプローチショットの縦の距離感が安定する。

⑨最後に右耳の横でシャフトが立ったポジションから、両手でヒッティングドリルをおこなう。必ず右手と左手の役割をイメージしながら取り組むことが重要。

右手、左手、両手のいずれのドリルでも、必ずボールの右下の部分がマットを擦るようにおこなうことがポイント。ボールの右下の部分を接地させることで、手を返してしまう悪癖も修正できる。

ワンポイントアドバイス

このドリルは、すべて「ストップ&ゴー」でおこないます。トップでいったん静止して「イチ、ニ」でゴー。居合斬りの間合いでスパッと竹を切るイメージです。反動をつけると軌道が外れて空振りすることもあるので注意しましょう。

ケガを予防し、生涯スポーツとして楽しもう！

本物のG1スイングを身につけるためには、クラブがスムーズに振り抜けるように、ふだんから柔軟性をつけておくことがとても大切です。PART3でご紹介したドリルをおこなって「正しい体さばき」をマスターできたとしても、柔軟性が欠けていると、そのよさを十分に発揮できません。

たとえば、G1メソッドでは、切り返しでのスイングの出力に筋肉の伸張反射を利用します。大胸筋、腹斜筋、肋間筋の伸張反射を利用してクラブを切り返すことでクラブに出力が与えられ、フォロースルーでの加速を生み出すのです。

それら各筋肉の柔軟性が保たれ、より大きく収縮することができれば当然、クラブの出力も大きくなります。その結果、クラブはさらに加速し、飛距離も伸びるわけです。また、スイング自体も、よりなめらかでよどみのないものになります。

現代人は、日頃のデスクワークやスマホ等の使いすぎで、ただでさえ姿勢がゆがみがちです。首の湾曲がない「ストレートネック」や両肩が内側を向いてしまう「巻き肩」になっている方も少なくありません。

こういった姿勢のゆがみは、ゴルフスイングでやってはいけない動き＝デスムーブを生み出す原因になります。ストレッチによって姿勢を矯正することでデスムーブをしにくい体になり、G1スイングがより身につきやすくなります。

もちろん、加齢によって低下する筋肉の柔軟性や関節の可動域をできるだけ維持することが、ゴルフスイングにとってプラスになることは言うまでもありません。

それはまた、ケガの予防にも直結します。生涯スポーツとしてゴルフを楽しみ、エージシュートを達成するための重要な土台になってくれるのです。

ここでは、特にシニアゴルファーにやっていただきたいストレッチを厳選し、紹介します。日々の練習にぜひ、取り入れてください。

PART 4

最速で「世界標準のスイング」を習得するストレッチ

Stretch

ストレッチ 1

全身のストレッチ（体側、胸、背中、腰、太腿の裏側のストレッチ）

目的・効果

ゴルフスイングの基本は「軸回転」ですが、背骨を軸としてそのまま水平に回転するわけではありません。ダウンスイングで体の右サイドが側屈して背中が丸まるなど、背骨には三次元的で複雑な動きが求められます。これがG1メソッドの「3Dターン」です。

このストレッチの目的は、「3Dターン」の主役である背骨を柔軟に動くようにすることです。側屈、後屈、前屈をおこない、全身の筋肉をストレッチすることで、背骨がどの方向にも柔軟に動くようになります。したがって、「背骨のストレッチ」と言っても過言ではありません。

また、前屈のストレッチは腰から太腿の裏側までしっかり伸びて、腰痛予防にも高い効果が見込めます。

方法

①頭を上からひもで引っ張られているようなイメージで背筋を伸ばし、「気をつけ」の姿勢で両ひざ、かかと同士をピッタリくっつけてまっすぐに立つ（1）。O脚でひざがくっつかない人は、可能なかぎり隙間を狭くする。

②頭の上で両手のひらを合わせ

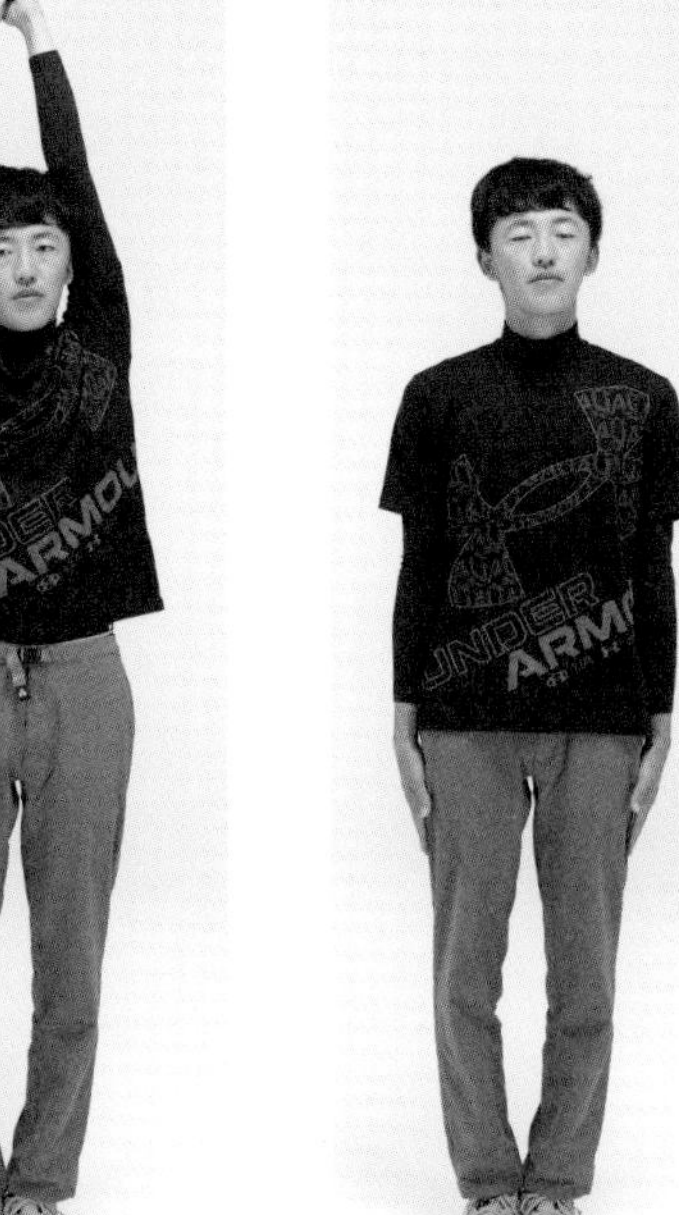

1

2

3

る。人差し指は伸ばし、それ以外の指を交互に絡ませ、手のひら同士をピタッと合わせる(**2**)。両ひじが耳から離れないようにしっかり伸ばし、同時に胸郭も真上に引き上げることがポイント。体側の筋肉が伸びない人は、この時点でひじが曲がってしまう。なるべく両ひじが曲がらないように努力する。

③②の状態で足を揃えて両ひざを密着させ、ニョキニョキと上に伸びていくタケノコのようなイメージで体を左右にゆする。このとき、鼻でしっかりと息を吸って、お腹に息をためるようにする。

④体を左右にゆすった後、②の体勢に戻ったら、こんどは鼻から息を吐きながらゆっくりと体を右側に倒していき、左の体側をしっかりと伸ばし、約20秒間その姿勢をキープする(**3**)。

体がよじれてつま先体重になりがちだが、かかと体重を保つことがポイント。両ひざも前に出ないようにしっかりと伸ばしておく。このとき、右肩を少し前に出してあげると、さらに左サイドが伸びて効果的だ。

⑤ゆっくりと体を起こして②の体勢に戻ったら、こんどは息を吐きながら、逆サイドの左側にゆっくりと体を倒していき、同様に約20秒間キープ。体の右サイドをしっかりと伸ばす(**4**)。両ひじがずっと耳から離れないように注意する。

⑥次は後屈をおこなう。②の状態から鼻で息を吐きながら、後ろの壁を見るようなイメージで頭を後ろに倒していき、その姿勢を約20秒間キープ。しっかりと胸とお腹が伸ばされる(**5**)。ここでもなるべく両ひじを耳から離さないように。

両ひざは伸びたままでかかと

体重をキープ。両ひざが前に出やすいので、お尻の穴を締めて両ひざが前に出ないように気をつける。

⑦ゆっくりと②の姿勢に戻ったら、次は前屈をおこなう。両ひざを伸ばしたまま前屈し、人差し指をなるべく体から遠くに離していく(6)。

⑧そのまま前屈を続け、両手のひらをピッタリと床につける(7)。このとき、両ひざは曲がっていてもOK。その状態で両手のひらを床につけたまま、両足を交互に動かして足踏みをすると、腰とお尻がしっかりと伸ばされていることが体感できるはずだ。

⑨次に、両手を足の後ろに回し込み、右手で右のかかと、左手で左のかかとの下に指を入れていく(8)。このとき、両ひじが正面から見えないようにひざの裏側に隠し、両ひじを近づける(9)。靴を履いているとやりにくいので、裸

6

7
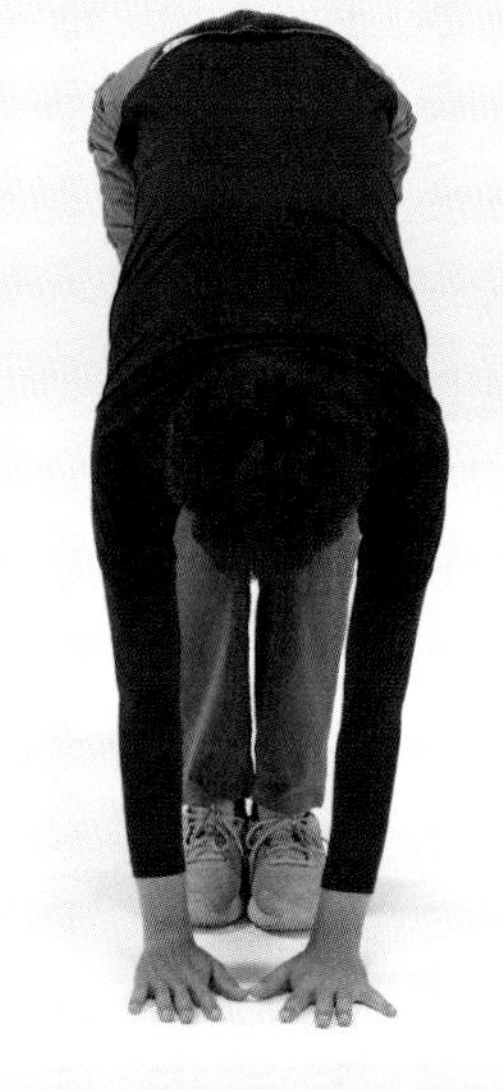

足でおこなうのがお勧め。

⑩⑨の状態から、両ひざをゆっくりと伸ばしてお尻をなるべく高い位置にもっていき、おでこを足に近づける（⑩）。このとき、両太腿の裏側と腰がしっかりと伸ばされる。かかとの下に指が入らない人は、かかとをもつだけでもOK。ストレッチを継続し、かかとの下に指が入るように努力する。腰痛になると、スイング動作に必要な脳からの指令が行き渡りにくくなるので、ふだんから腰まわりは柔らかくしておきたい。

ワンポイントアドバイス

背骨に柔軟性があると、体が起き上がるミスが減少し、腰と背中が故障しにくくなります。生涯を通して楽しくゴルフをするためにも、この「背骨のストレッチ」は欠かさずおこないましょう。

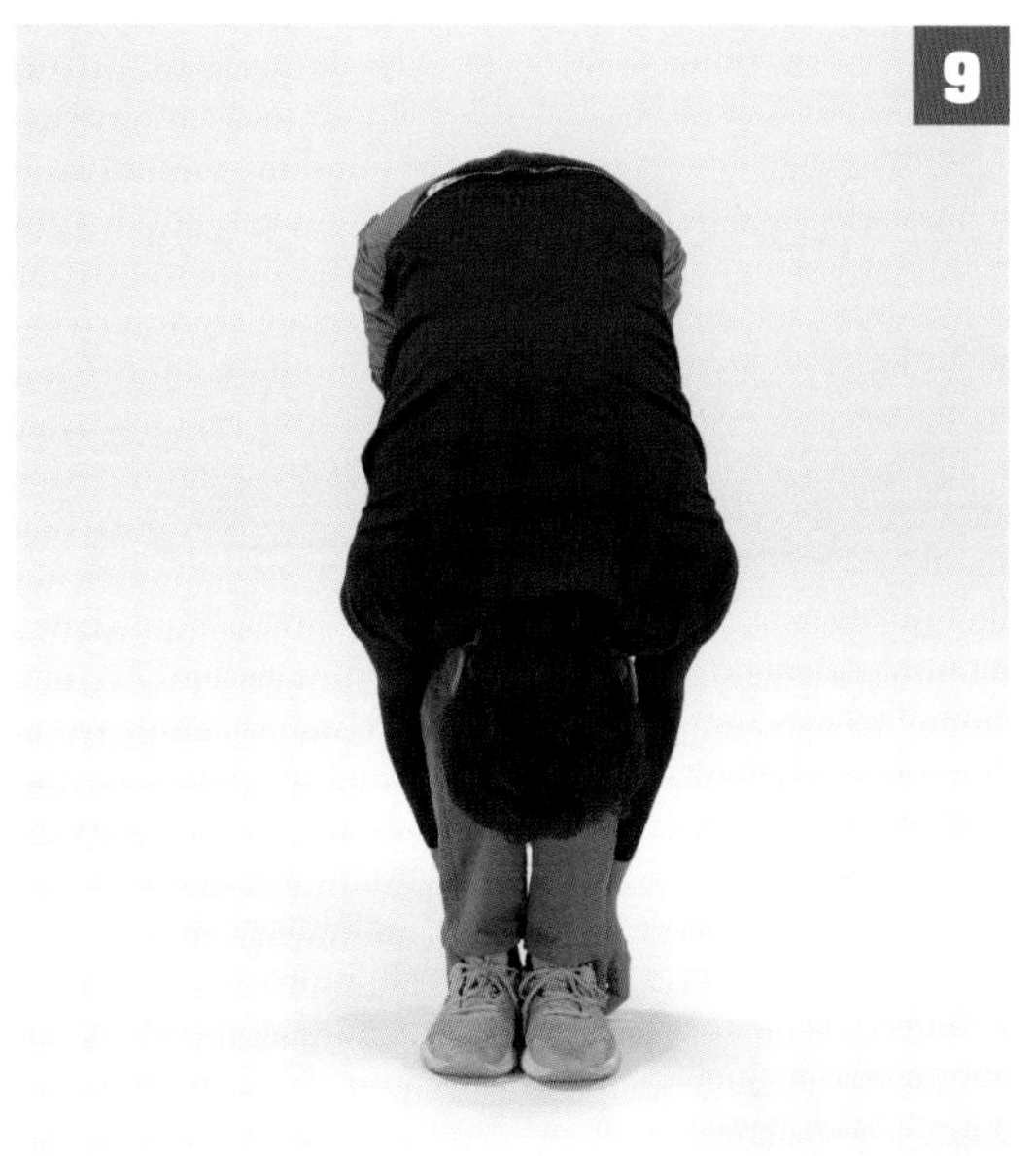

ストレッチ2

首のストレッチ1（ストレートネックと猫背予防）

目的・効果

スムーズなゴルフスイングを妨げるストレートネックを矯正するストレッチです。

首の骨は本来、緩やかなカーブを描いていますが、このカーブがなくなり、首の骨がまっすぐになった状態のことを「ストレートネック」とよびます。パソコンやスマホを長時間使用する現代人は前かがみの姿勢になることが多く、どうしてもストレートネックになりがちです。

ストレートネックの人はアドレス時に猫背になりやすく、ボールを真上から凝視するため、顔がボールに近づき、あごを引いて構えがちです。そのため、あごと喉ぼとけが近づき、あごの下の空間が潰れてしまいます。これではスムーズに体を入れることができません。

ゴルフスイングの構えは、あごを高い位置で軽く引き、喉ぼとけとの間に空間を作ることが大切です。その状態でストンと肩を落としてなで肩に構えられると、両脇の後ろが締まり、両ひじでクラブを吊るした楽な構えができ、重心の低い安定したアドレスになります。

この構えができれば、バックスイングで左肩が、ダウンスイングでは右肩があごの下に入ります。ストレートネックを矯正して、あごと喉ぼとけの間にしっかりと空間を作りましょう。

方法

①頭を上からひもで引っ張られているようなイメージで、背筋をピンと伸ばして立つ。あごは高い位置に保つ（1）。

②両手の指を交互にクロスして、あごの下に当てる（2）。

③鼻から息を深く吸い、あごに手をつけたまま両ひじをできるだけ高くまで上げて静止する（3）。この動作を約6秒間かけておこなう。

④両ひじの高さをキープしたまま口から息を吐き出し、両手であごを押し上げながら頭を後ろに倒していく（4）。あごが最も高い位置まできたら、できるだけ両ひじを合わせる（5）。この動作も約6秒間かけておこなう。

⑤両ひじを高い位置にキープしたまま元の位置に戻し、息を吸いながら約6秒かけて頭を起こして③の体勢に戻る（6）。

⑥③〜⑤の動作を8回繰り返して1セット。これを2セットおこなう。動作中は体重をかかと側にかけて、背中はまっすぐ伸びたままの状態をキープする。背中が反って両ひざが前に出る動きはNG。

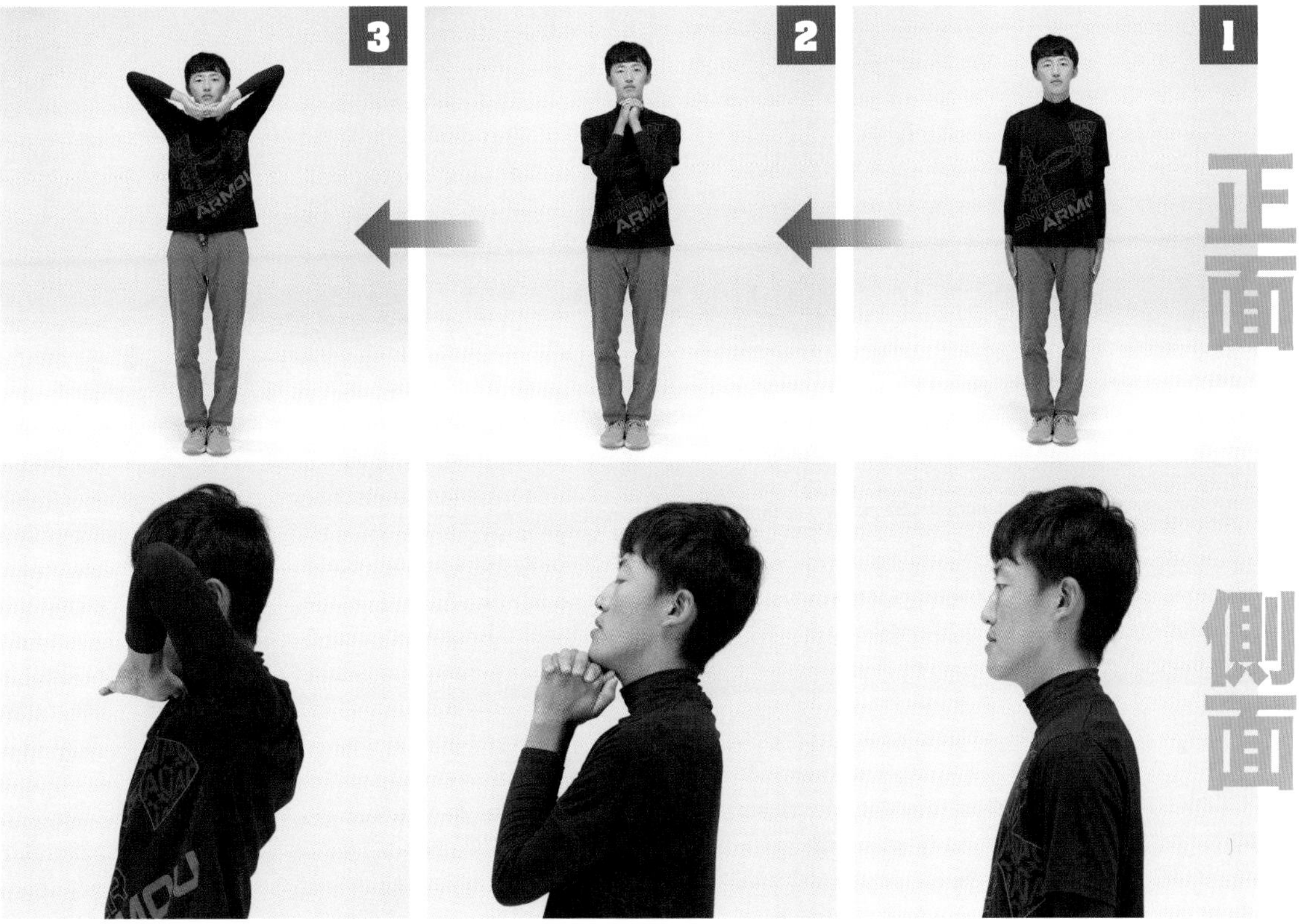

3 2 1

正面

側面

6 5 4

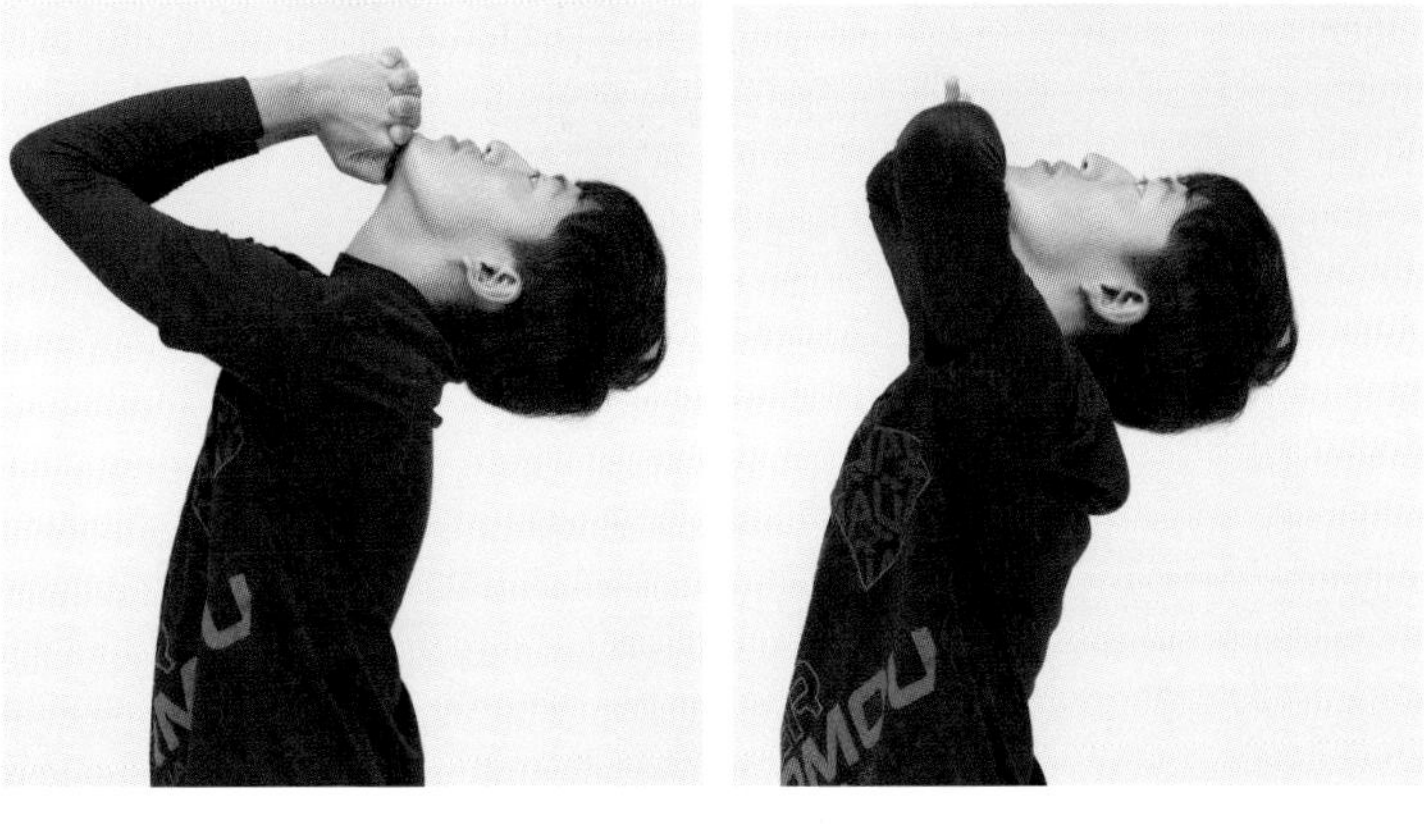

ワンポイントアドバイス

猫背気味の人は、やや下目使いにボールを見て構えるようにしましょう。目線が高くなることによって、周辺視野が広がり、ボールを意識しなくなります。

ストレッチ ③

首のストレッチ2（首の側方と後方のストレッチ）

目的・効果

首の筋肉を柔らかく保ち、軸回転をスムーズにおこなうためのドリルです。スイング中、前傾軸を意識して、しっかり体を入れて回転すると首に大きなテンションがかかります。首まわりの筋肉、特に側方から後方にかけての筋肉をしっかり伸ばすことで、体の回転によってテンションがかかっても首の角度をしっかりと保つことができ、スイング軸がブレなくなります。

また、飛距離を求めるあまり、知らず知らずのうちに肩に力が入っていかり肩になってしまっている人にも効果的です。このドリルをおこなえば、両肩をストンと落として首を長くでき、いかり肩が矯正されます。

方法

①椅子を用意し、深く腰掛けずになるべく前のほうに座る。両足を揃え、背筋を伸ばして胸を張り、あごは高い位置に保って少し引く(1)。

②左手で椅子のシートの横をつかんで上に引っ張る。体幹はまっすぐ保ち、体側が弓なりにならないように注意。

③右腕を上げて頭の上から右手のひらを左側頭部に当て、頭を右に倒して約20秒間、首の左側の筋肉をしっかり伸ばす

1

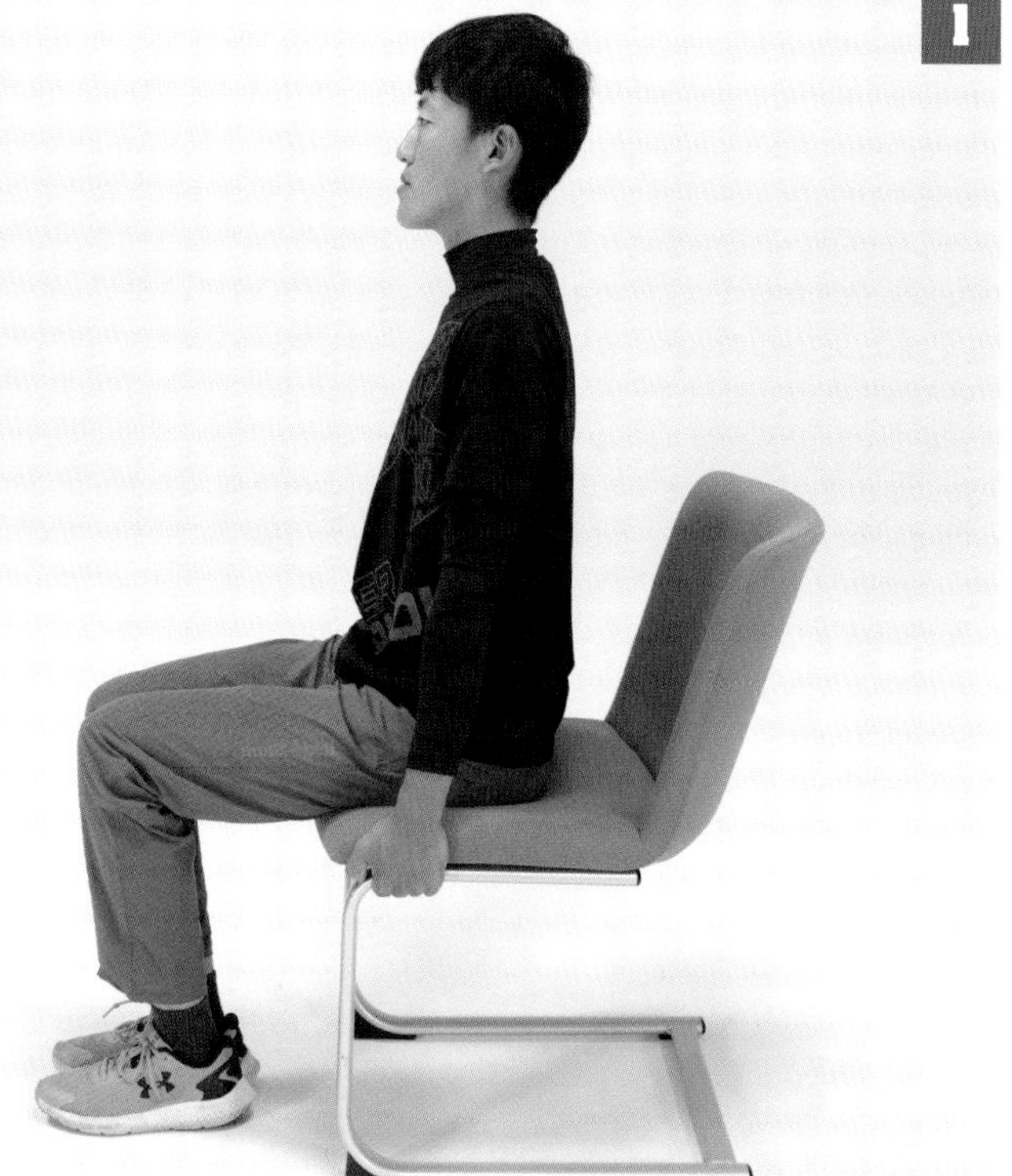

(2)。このとき、強い力で引っ張らないように注意。痛みを感じないくらいの力加減でおこなう。

④③の状態から、右手で頭を押さえながらゆっくりと斜め前に頭を回していき、頭頂部を正面方向に向けて約20秒間キープ。しっかりと首の後ろの筋肉を伸ばす(3)。

⑤左右の手を入れ替えて②~④の動作をおこない、首の右側と後ろ側の筋肉をしっかりと伸ばす。椅子をしっかりつかみ、体幹をまっすぐに保ったままおこなうことがポイント。ただし、力を入れすぎていかり肩にならないように注意する。

ワンポイントアドバイス

ラウンド中にカートに座り、座席の端をつかんでこのストレッチをおこなうこともお勧めです。首まわりの筋肉がほぐれることでスイング軸のブレがなくなり、ショットが安定します。

ストレッチ4

肩まわりと指のストレッチ（巻き肩と腱鞘炎・ばね指の矯正・予防）

目的・効果

腕の力を抜き、「気をつけ」の姿勢で鏡の前に立ってみてください。両手の甲はどちらを向いていますか？

両手の甲が正面（鏡側）を向いている人は「巻き肩」です。巻き肩とは、肩が本来の位置より内側を向き、丸くなってしまった状態のことを指します。両手のひらが横を向き、両ひじもやや曲がった状態になるのが、人体の自然な気をつけの姿勢です。

ゴルフスイングにおいて、巻き肩は大敵です。肩のラインが直線ではなく、やや前方にカーブした状態で猫背になるので、いかり肩になって両ひじが突っぱる構えになりやすいからです。この構えから腕と体幹を連結させて動かすことは難しく、手打ちスイングしかできなくなります。

両肩が本来のポジションにあれば、アドレスの時点で両脇の後ろ側が軽く締まり、バックスイングでは腕と体幹が一体となって動き、トップスイングでは両ひじが体の幅に収まります。右腕の外旋は切り返し以降も保たれ、体の回転にコネクトした手元先行のスイングができます。

しかし、巻き肩になると、最初から最後まで腕と体幹の連結が難しく、切り返しからキャスティングや手の返しの強いスイングを誘発してしまいます。このストレッチは、その巻き肩の矯正に効果があります。

また、自然な状態で立ったときに指が曲がり、ジャンケンのグーの形になってしまう人もいます。力を抜いた状態では本来、指は伸びてパーの形になります。ところが、いつもグリップに力を入れすぎているため、意識して伸ばさないと指が伸びなくなってしまっているのです。

これを放置すると、腱鞘炎やばね指を招いてしまうケースもあります。このストレッチは、この指の曲がりの矯正や予防にも効果があります。

方法

①壁を右側にして、腕の長さ程度の距離をとって立つ（**1**）。
②右腕を胸の高さに上げ、指を床方向に向け、右手のひらをピタッと壁にくっつける（**2**）。このとき、指と指の間を開き、しっかり指を伸ばすようにする（**3**）。
③②の状態のまま、壁に体重をかけていく。すると、右前腕内側にある指の腱がしっかりと伸ばされる。右腕は胸の高さのまま20～30秒間、その体勢をキープする。
④右手のひらを壁につけたまま

少しずつ両足を動かし、壁の反対方向に体を向けていく。顔と胸の面が壁の反対方向を向くようになれば、右腕が肩から前腕にかけてすべて外旋するのと同時に、脇の後ろ側と肩甲骨の内側がしっかりと締まる(4)。

⑤右手が終わったら、左手でも同様の動作をおこなう(5)。左手もおこなうことで左肩が外旋。巻き肩が解消され、インパクトからフォロースルーにかけて左脇の後ろ側が締まるようになる。

このストレッチを左右でおこなうと、巻き肩が矯正され、気をつけをしたときに両ひじがやや曲がり、手のひらが横を向くようになる。左右どちらの肩まわりが硬くなっているのかもよくわかるので、なるべく左右の硬さのバラつきをなくし、バランスを整える(6)。

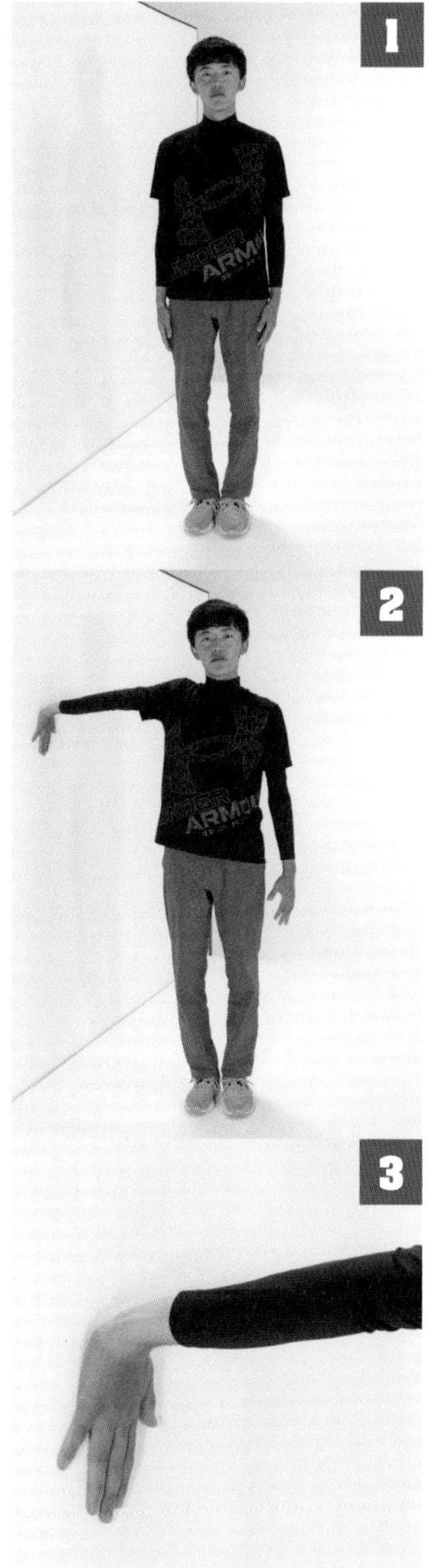

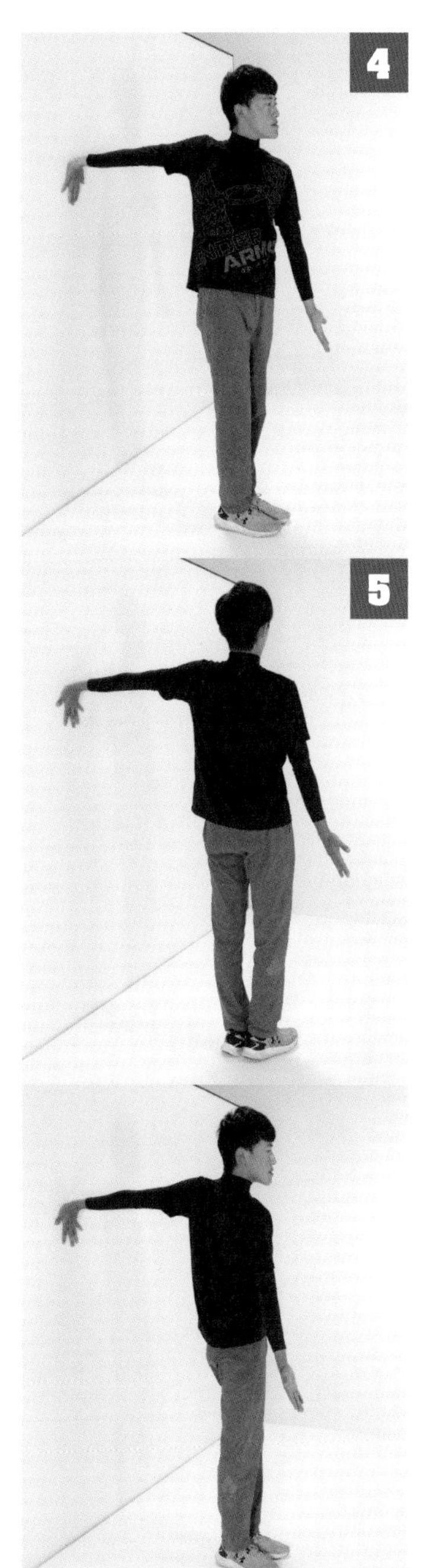

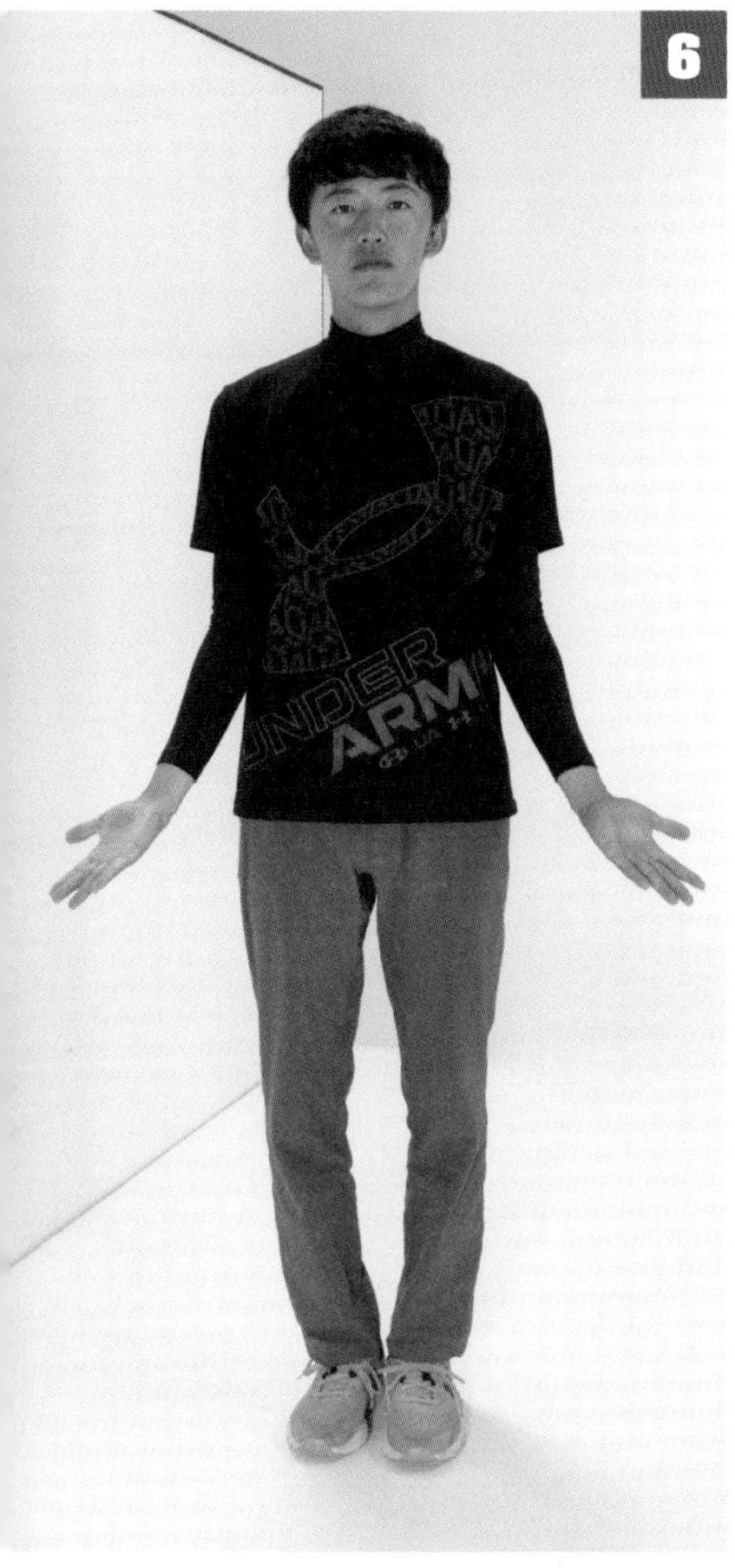

ワンポイントアドバイス

指の腱が伸ばされると、腱鞘炎やばね指の矯正・予防に役立つだけでなく、前腕の回内・回外もスムーズにできるようになります。切り返しで腕を柔らかく使え、フォローでもクラブを自由に走らせることができます。

ストレッチ 5
肩甲骨まわりのストレッチ

目的・効果

肩甲骨は、背中の上部に位置する逆三角形をした平たい骨です。筋肉の上に載っているような構造になっているため、自由に広い範囲を動くことができます。

トップアスリートは肩甲骨まわりが非常に柔らかく、可動域が広いことが共通した特徴です。石川遼選手や大谷翔平選手は、脇腹に両手の甲を当てたままひじを前方に出していくと、両ひじがくっつきます。それほど肩甲骨まわりが柔らかく、可動域が広いことで知られています。

しかし、年齢とともに肩甲骨の可動域は狭くなります。特に、デスクワークなどで同じ体勢を長時間続けている人は、その度合いが大きくなります。

このドリルは、その肩甲骨まわりを柔らかくし、可動域を広げることが目的です。ゴルフスイングにおいて、肩甲骨の可動域が広いと、体を深く回すことができます。また、両腕が回旋する範囲が広くなるため、脇の後ろ側が締まりやすくなり、腕と体とのコネクションが高まって背中を回転しやすくなります。その結果、手打ちになりにくく、レイトヒッティングすることができます。

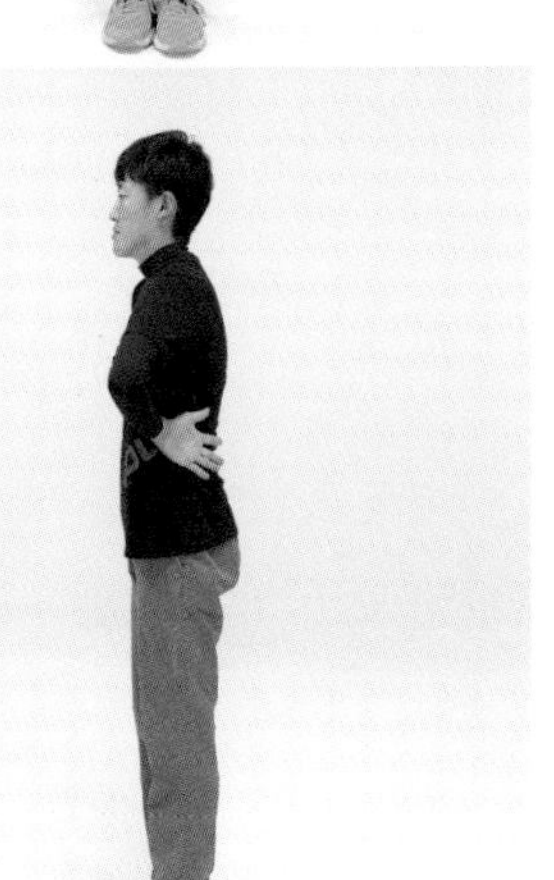

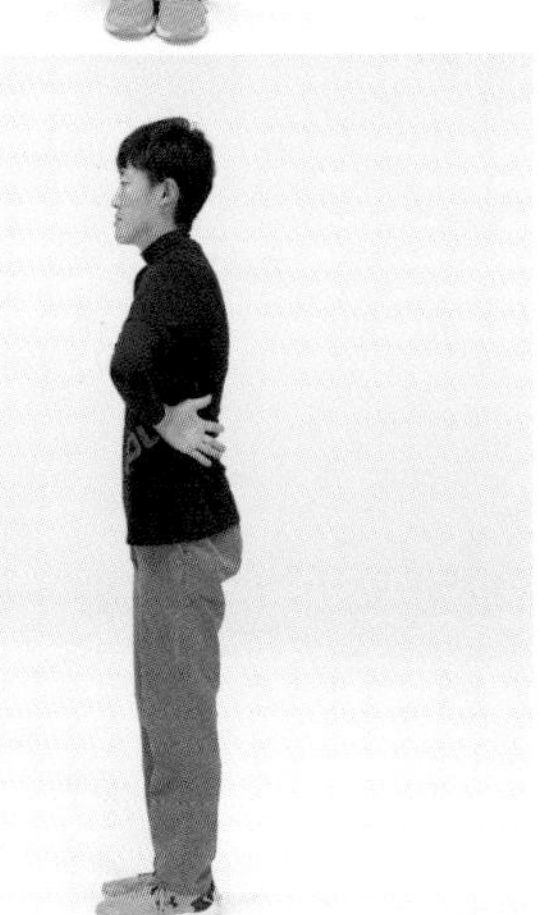

2

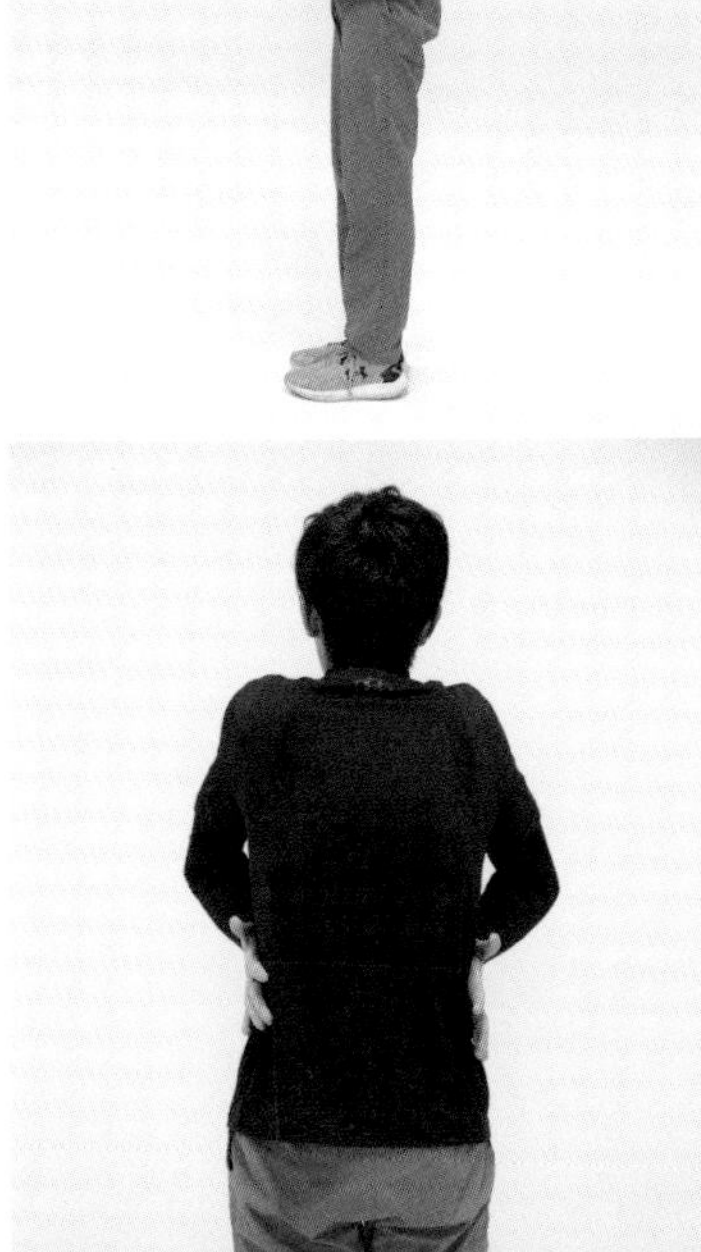

肩甲骨まわりが硬い人は猫背になりやすいので、この部位の柔軟性を高めることで姿勢も改善されます。肩甲骨まわりを柔軟にすることにはメリットしかありません。

方法

①直立した姿勢で両ひじを曲げて手を背中側に回し、両手の甲を腰に当てる(1)。

②①の状態から、息を吐きながら手の甲を腰から離さずに両ひじを前方に出していき、できるだけ両ひじを近づける(2)。肩甲骨まわりが硬く、ひじが前に出てこない人は、手の甲を腰ではなく、脇腹に当てておこなってもかまわない。

③次はタオルを使用する。肩幅くらいの間隔を開けて両手でタオルを持つ。右手で引っ張ったときにタオルが外れないように、左手はタオルを手のひらに巻きつけてしっかりと握る(3)。右手が上、左手が下の状態でお風呂で背中を洗うときのように背中側に回したら、タオルが床と垂直になるようにセットする(4)。

④③の体勢で、背中をゴシゴシと洗うようにタオルを上下に何回か動かす。

⑤次は、下に位置する左手には力を入れず、右手でタオルを引っ張り上げて約20秒間その姿勢をキープする(5)。左ひじはなるべく内側（体側）を向くように。このとき、タオルが床と垂直になるのが理想だが、肩甲骨まわりの硬い人は、上の手で下の手を引っ張ることを優先する。

⑥手の位置を入れ替えて、左手が上、右手が下の状態で④と⑤の動作をおこなう(6)。片側約20秒間ずつ交互に繰り返す。なるべくまっすぐに立ち、上半身を反らさないようにすることがポイントだ。

6

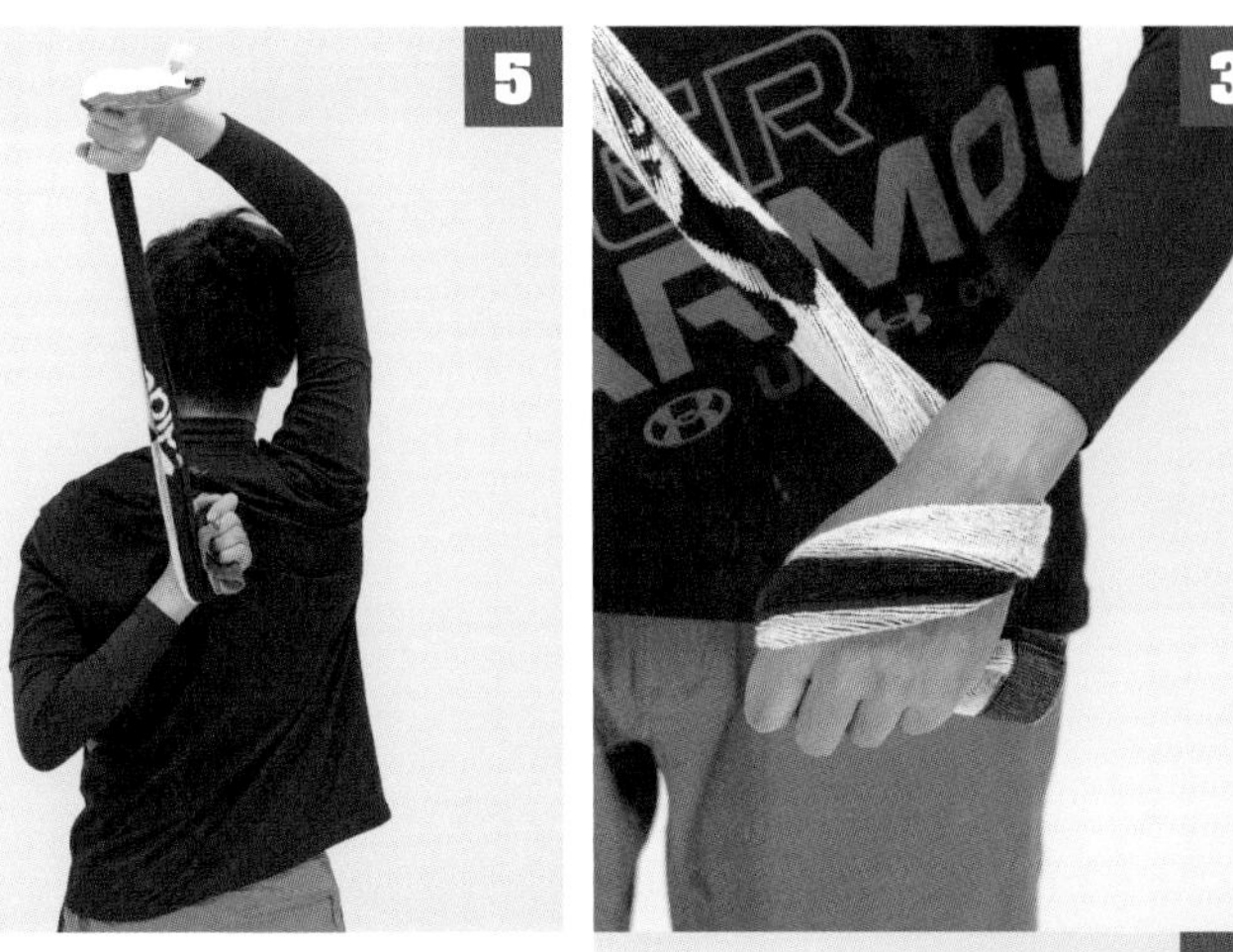

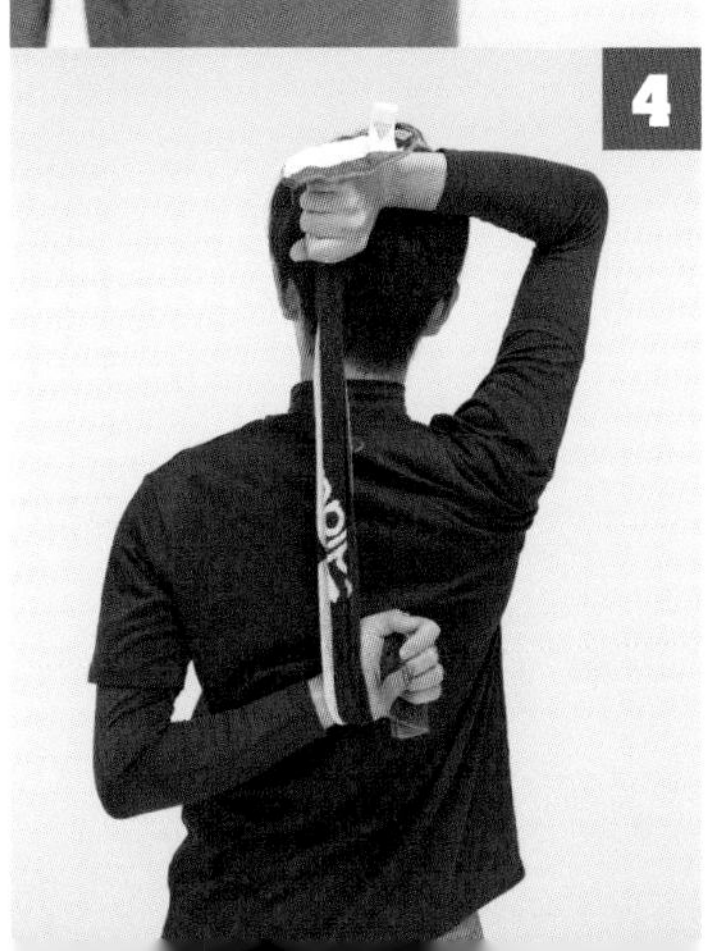

ワンポイントアドバイス

前者は肩甲骨の横方向の可動域、後者は縦方向の可動域を広くするストレッチです。セットでおこなうことで、肩甲骨まわりの筋肉や関節をバランスよくストレッチすることができます。

ストレッチ❻

体幹のストレッチ1（広背筋、腹斜筋、肋間筋のストレッチ）

目的・効果

広背筋、腹斜筋、肋間筋を伸ばすストレッチです。

背中の左右下側にある広背筋、左右の脇腹にある腹斜筋、肋骨と肋骨の間にある肋間筋は、体をひねる動作をおこなうときに重要な役割を果たす筋肉です。広背筋が柔らかい人はバックスイングで体がよく回り、深いトップを作ることができます。逆にトップで体が回らず、腕が極端に曲がってしまう人は、広背筋が硬い可能性が高いと言えます。

広背筋、腹斜筋、肋間筋をしっかりと伸ばすことで、バックスイングで体が深く回りやすくなり、飛距離アップが期待できます。また、これらの筋肉群に柔軟性がつくことで胸郭を引き上げる捻転ができ、下から伝わってくるスパイラルエネルギーも大きくなります。

全体重をかけるので、頑丈で安全なドアを選んでおこなうよう十分に注意してください。

方法

①開いたドアの角に、手の甲が自分のほうを向くように「順手」で右手をかけ、指を引っかける(❶)。

②左足を前にして両足を交差し、脱力して右手に全体重をかける(❷)。このとき、右半身のお尻から上の部分と右腕全体がドアにピッタリとついた状態になる(❸)。右手の順手でドアをつかんでこの動作をおこなうと、右側の腹斜筋、肋間筋、右太腿の外側がしっかりと伸ばされる。

③次は、手のひらが自分のほうを向くように「逆手」で左手をドアの角にかけ、指を引っかける(❹)。足は右足が前になるようにクロス。そのまま全体重を左手にかけ、ドアに全身をゆだねる(❺)。このときは、左肩から左のお尻までの体側部がドアに密着(❻)。左手の逆手でドアをつかんでこの動作をおこなうと、左の広背筋と左太腿の外側が伸ばされる。

④右手の順手、左手の逆手が終わったら、ドアの反対側に立ち、右手の逆手、左手の順手でそれぞれドアをつかみ、同様の動作をおこなう。足は、必ずドアをつかんだ手と逆側が前にくるように交差する。

順番は問わないが、右手順手→左手逆手→右手逆手→左手順手という形で、必ずすべての組み合わせをおこなうことが重要。左右の広背筋、腹斜筋、肋間筋をバランスよく伸ばすことができる。

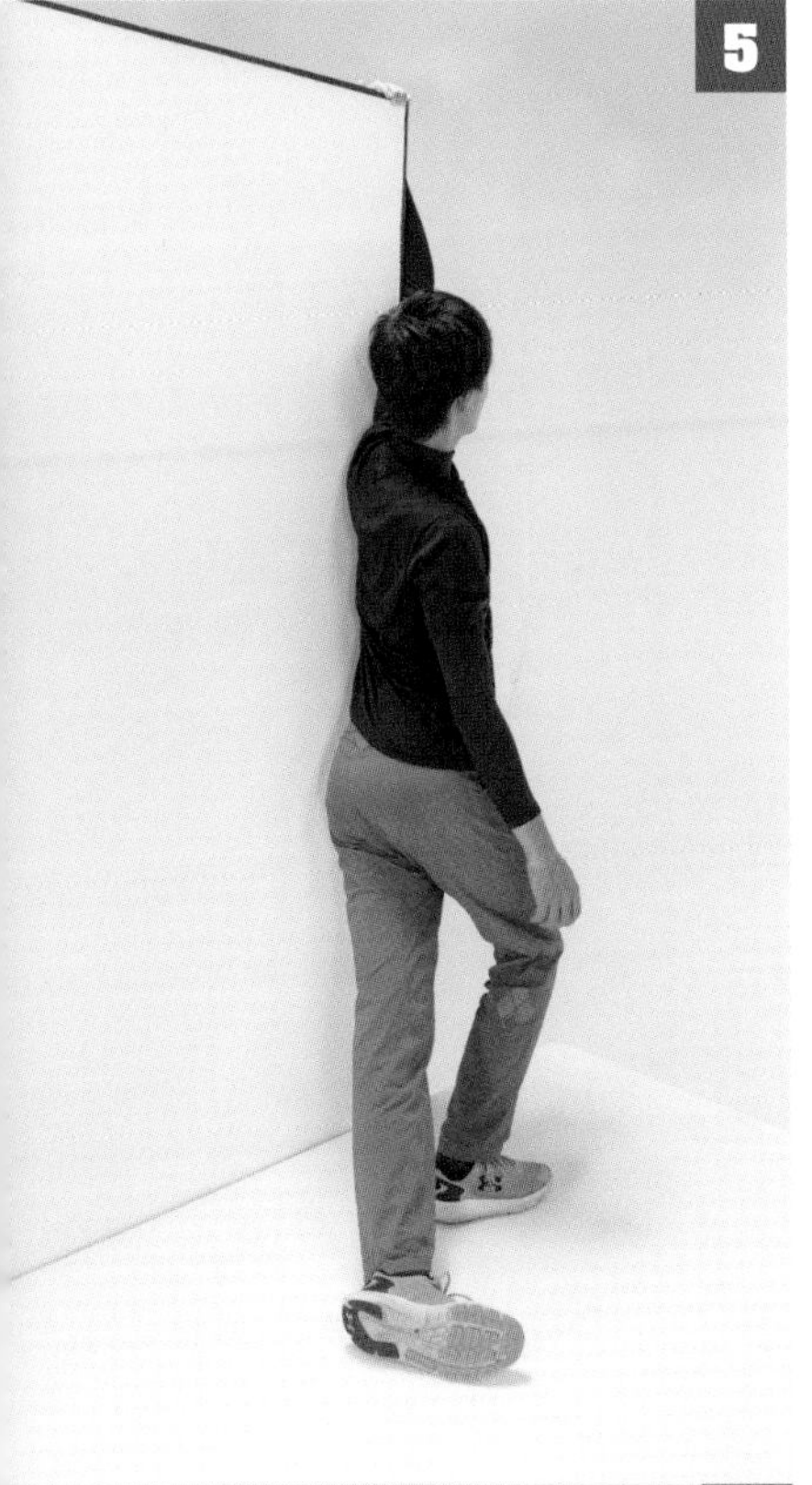

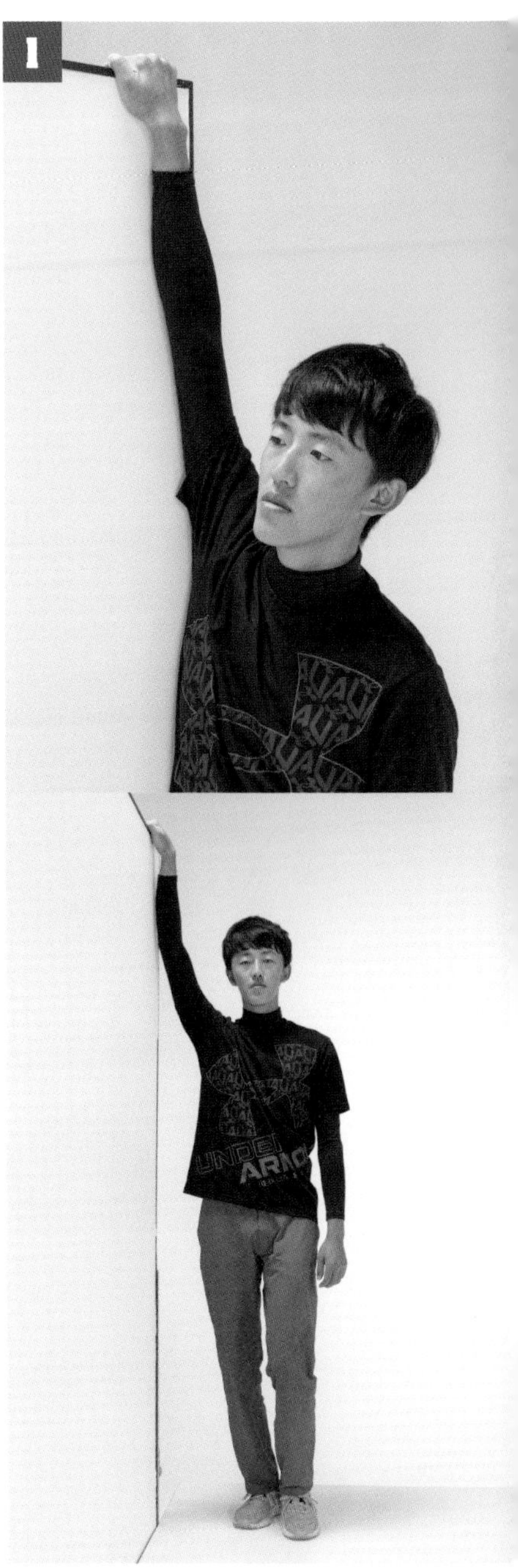

ワンポイントアドバイス

片手をドアにかけたら、全体重をかけることがポイントです。広背筋のストレッチにはいろいろな方法がありますが、自重を使うこのストレッチは広背筋がよく伸びるので特にお勧めです。

Stretch

ストレッチ 7

体幹のストレッチ2（腰まわりのストレッチと腹筋の強化）

目的・効果

腰まわりの筋肉を重点的に伸ばすストレッチです。同時に、捻転時の腹筋も鍛えることができます。腰まわりの筋肉を柔らかくし、腹筋を鍛えることで、上半身と下半身の捻転差が生まれ、腹圧の利いた反発エネルギーでボールを遠くへ飛ばすことができます。

方法

①直径が40～50㎝のバランスボールを用意。仰向けに寝転び、両足をバランスボールの上に乗せる。両ひざは直角になるイメージで、なるべく両ひざの間隔が開かないように足を揃える。両手は、体と直角にまっすぐ横に伸ばし、両手のひらを床につける（1）。

②①の体勢から、肩や背中が浮かないように、右側にひざを倒していく（2）。バランスボールをゆっくりと転がすようにひざを倒すことがポイント。床につくまでひざを倒していけたらベストだが、無理をせずに肩が浮かない範囲内で足を動かす。

③ゆっくりとひざを起こし、①の体勢に戻る。その体勢から、こんどは左側にひざを倒していく（3）。

1

2

3

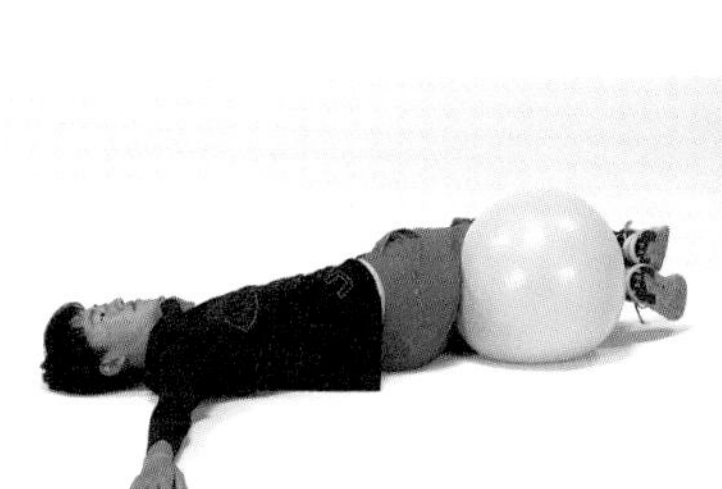

④ひざが床についたらもう一度①の体勢に戻る。この、左右にひざを倒す動きをゆっくりとボールを転がしながら自然な呼吸で繰り返しおこなう。ひざを動かしているときになるべく両ひざが離れないように注意する。

⑤バランスボールがない場合、両ひざを90度に曲げて仰向けに寝て、②～④と同じ動作をおこなう(4)。ひざを床につけるのがキツい人は、無理につけなくてもかまわない(5)。なるべく体の力を抜き、筋肉をこわばらせずにおこなうことがポイント。

ワンポイントアドバイス

バランスボールを使うと勝手に足を動かしてくれて、リラックスした状態でおこなえるのでお勧めです。家のリビングなどで、ゆっくりと呼吸をしながらバランスボールの転がりに身をゆだねましょう。

ストレッチ 8
下半身のストレッチ1（お尻と太腿の裏側のストレッチ）

目的・効果

お尻と太腿の裏側をしっかり伸ばすことで骨盤や股関節、鼠径部などの動きを良くすることを目的としたストレッチです。

バックスイングでは右の股関節、フォロースルーでは左の股関節を切り上げます。お尻や太腿の裏側の筋肉が硬いと、股関節の切り上げがスムーズにできません。お尻や太腿の筋肉が柔らかいほど、バックスイングでしっかりと右股関節が切り上がり、右足のかかとに体重が載ります。

方法

①50～60㎝くらいの高さのテーブルやベンチを用意。右足の裏を上に向けるようにひざを折り曲げてかかとをひざの高さまで持ち上げ、かかとからひざまで、すねの外側をテーブルにピタッとつける（1）。左足はひざから下を床につける。ひざが床から浮くようなら、ひざを置く台（タオルでもOK）を用意して、右足の太腿が床と平行になるように高さを調整する（2）。

②その状態から、右ひざを抱え込むように体を前に倒し、約20秒間、ゆっくり息を吐きながら前屈する（3）。このとき、左ひざが浮いてくるとお尻が伸びない。左ひざが浮かないように注意する。

③足を入れ替えて同様のストレッチをおこない、左のお尻をしっかりと伸ばす（4）。

1

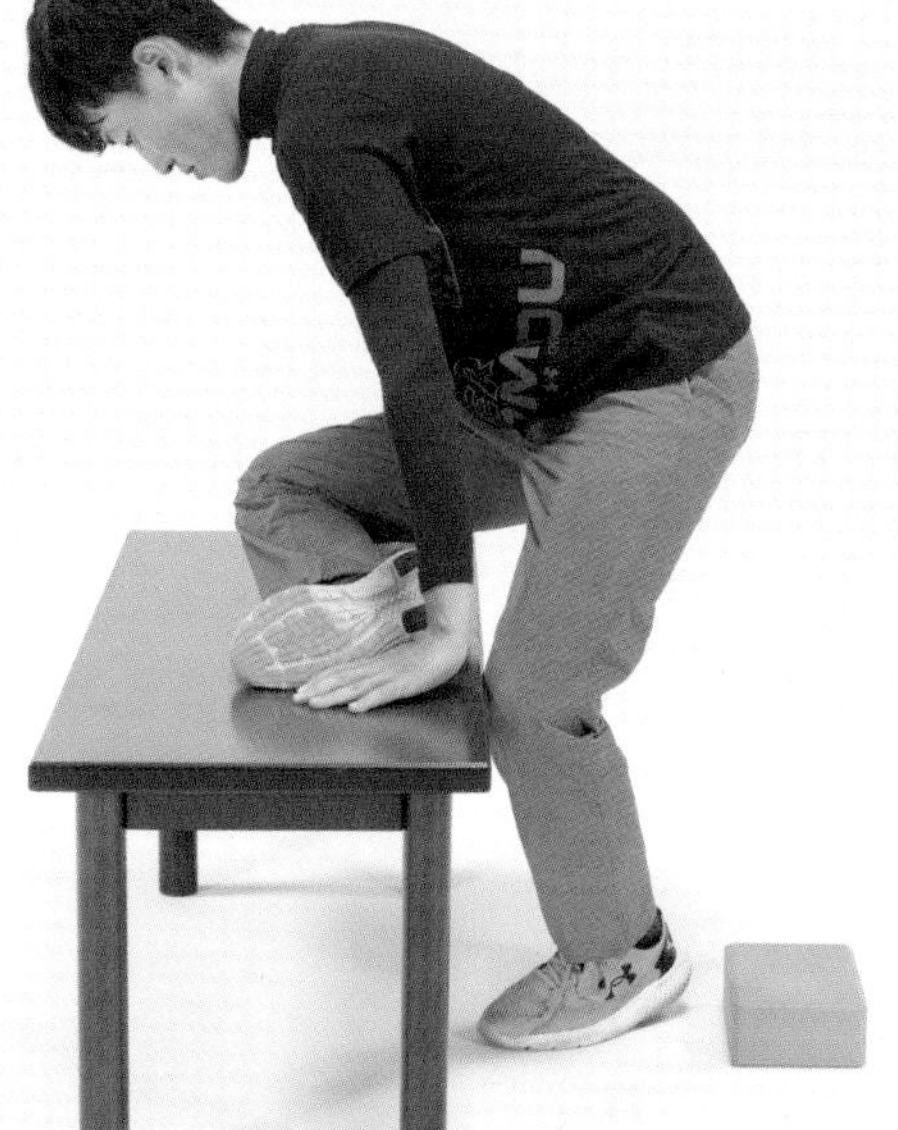

ワンポイントアドバイス

お尻と太腿の裏側の筋肉を伸ばすことで、腰痛の予防につながります。腰痛もちの人にも、腰痛の悪化を防ぐために非常に効果的なストレッチです。

2
3
4

ストレッチ 9
下半身のストレッチ2（お尻と太腿の裏側とふくらはぎのストレッチ）

目的・効果

下半身の裏側全体、お尻と太腿の裏側、ふくらはぎを伸ばすストレッチです。

現在のゴルフスイングは、昔のようにバックスイングで右ひざの角度をキープすることはしません。胸郭を巻き上げながら、徐々に右ひざが伸びるとともに右の体側も伸ばしていきます。そのため、下半身の裏側全体の柔軟性が必要になってきます。下半身の裏側全体を伸ばすことによって、腰の回転がスムーズになり、体の捻転も深くなります。シニアゴルファーにはなかなかハードですが、腰痛予防にもなるので、絶対にやってほしいストレッチです。

方法

①直立した姿勢から、両足を肩幅よりも大きく開いて立つ。両足のつま先は外に開かず、少し内側に向ける（1）。

②前を見てあごを上げた姿勢から前屈し、両手のひらを床にピタッとつける（2）。両ひざを伸ばすことが難しければ、曲がっていてもかまわない。

③両手で両足のつま先（3）、ないしは外側（4）をつかむ。余裕があれば、かかとの裏側に手を入れられたらベスト（5）。まったく足をつかめな

1

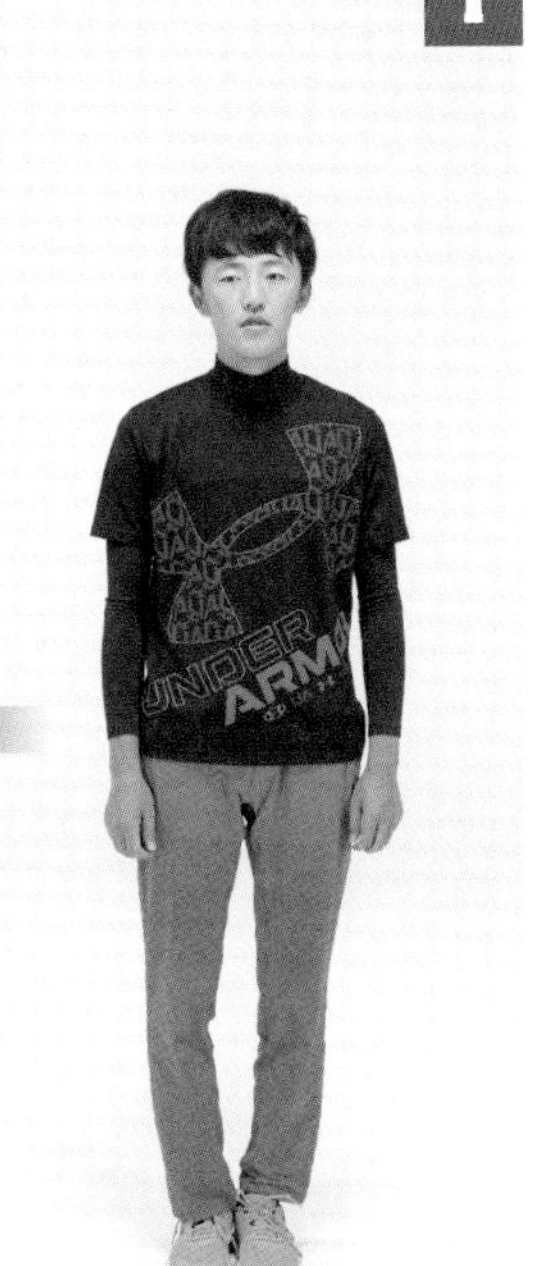

い場合は、目の前の床に両手をついて、その姿勢でひざをまっすぐに伸ばす練習から始める。

④両手でつかんだかかと、もしくはつま先か足の外側を引っ張りながら、つま先に体重をかけていく。このとき、ひざが曲がっていると効果がないので、両ひざを後方に押すようにしながら徐々にまっすぐ伸ばしていく(6)。両ひざがまっすぐになったら、ひざ頭を引き上げて、太腿を固めておくと効果が高い。かかとを引っ張り続けていくと、額が床に近づく(7)。下半身の裏側が十分に伸ばされると、やがて上半身が両足の間に入り、額が床につくようになる。ひざを後方に押し出しながら伸ばすことと、ひざを伸ばすためにかかと（または足の外側）を引っ張り続けることがポイント。鼻呼吸をしながら約20秒間かけておこなう。

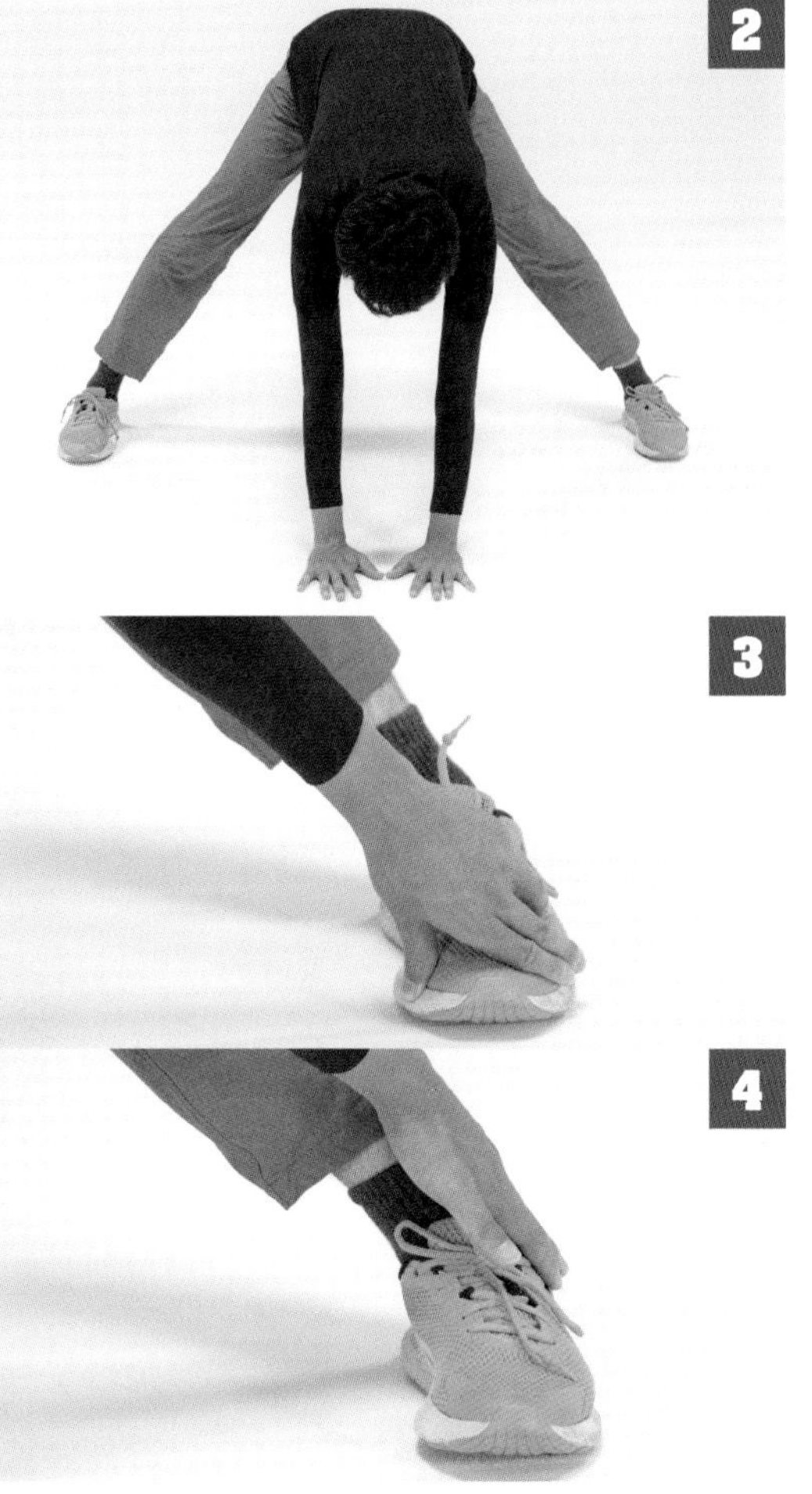

ワンポイントアドバイス

これも、腰痛予防に効果があるストレッチです。お尻をなるべく高く上げ、股の下におでこが入ってくるくらい体を入れて、前に体重をかけましょう。

ストレッチ 10

股関節のストレッチ1（太腿の回旋）

目的・効果

股関節の柔軟性を高め、スムーズに動かすためのストレッチです。

ゴルフスイングにおいて、股関節の動きはとても重要です。両脚の大腿骨の上に載っている半球型のサラダボウルを想像し、その湾曲した底に沿ってユラユラと動かすのが、股関節の切り上げ／切り下げのイメージです。

回転時に股関節の回旋ができないと、体の軸が左右にブレるスウェーを引き起こします。「足裏がめくれる」「体重移動ができない」「体が伸び上がる」といったスイングエラーも、股関節の硬さに起因しています。

股関節の柔軟性を高めることで、軸がブレることなくしっかり体幹をねじることができるようになります。

また、太腿の付け根の回旋可動域に柔軟性がつき、足裏で地面をねじるトルクが強化されます。股関節を切り上げて体幹を捻転させることも容易になるため、腰の回転を助けてスムーズなフィニッシュがとれるようになります。

方法

①お尻を床につけて骨盤を立てて座ったら、軽くひざを曲げて両足を左右に開く（1）。

②その状態で、右足の太腿を両手でつかむ。柔軟性には個人差があるので、自分のやりやすいところに両手を添えてかまわない。丸太を回すようなイメージで右太腿を内側にゆっくりと回し、右ひざの内側を床に近づける（2）。

③限界まで右ひざを内側に回したら、こんどは右太腿をゆっくりと外側に回し、右ひざの外側を床に近づける（3）。ゆっくりでいいので、この動きを何度も繰り返す。

④右足が終わったら、左足でも同様の動作をし、左股関節のストレッチをおこなう（4）。

1

ワンポイントアドバイス

私は、このストレッチを「丸太転がしストレッチ」とよんでいます。丸太をゴロゴロと転がすようなイメージで、両足の太腿を内側と外側に交互に回しましょう。

4

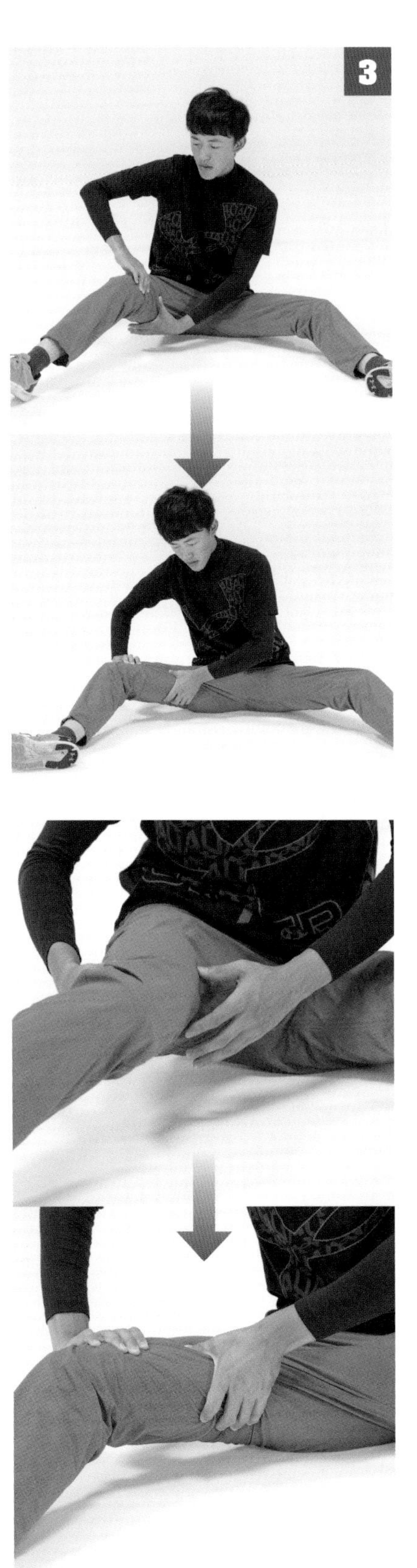
3

2

ストレッチ 11

股関節のストレッチ2
（股関節のストレッチと足の強化）

目的・効果

ゴルフスイングの体さばきと非常に近い動きのなかでおこなう、股関節のストレッチです。

股関節の柔軟性を高めるだけでなく、背中を丸めて体を入れるカバーリングの動きや足の筋力、足指の力、足の裏の粘りなどの強化にも役立ちます。ゴルフに必要な要素が詰まった実践的なストレッチと言えます。

方法

①両足を広げて直立。両足のかかとの後ろにゴルフボールを置く(1)。

②右太腿を内側に回して右ひざを内側に向け、頭と背中を股の間に入れるようなイメージで右手を伸ばし、指先で左足かかとの後ろにあるボールにタッチ（指が届かない場合はなるべく近づける）。約5秒間静止する(2)。

③上体を元のポジションに戻し、こんどは左の太腿を内旋して左手を伸ばし、右足かかとの後ろにあるボールを指先でタッチし、約5秒間静止する(3)。

④②、③の動きを交互に何度も繰り返しおこなう。しっかり背中が入り、足の内旋を使うので、ゴルフスイングの体さばきに非常に近い。

両足の幅は、最初は自分がやりやすい幅でおこなってかまわない。両足の幅が広いほうがやりやすいが、慣れてきたら徐々に幅を狭めていき、最終的にはドライバーショットのスタンス幅よりも靴一足分くらい広い足幅でおこなうようにする。この動作をおこなうときは腰を水平移動させず、その場で太腿を内旋して、体を入れることに集中する。

ポイントは、伸ばした手と反対側の足のひざが外側に流れず、必ず正面を向いて足裏がめくれないこと。右手を伸ばし、右の背中が丸まるときは、左ひざを正面に向けたまま、外側に流さない。右ひざはなるべく床に近づけて、土踏まずのエッジング（右足の外側だけが浮く）を使えるようにする。ダウンスイングの切り返しですぐに右足かかとが浮き、体が起き上がってしまうのを防ぐためには、この足の内側によるエッジングが非常に有効だ。

ワンポイントアドバイス

余裕のある人は、かかとから離してボールを置き、同じように反対側の手の指先でボールをタッチしましょう。体がさらに深く入るため、股関節の柔軟性を高めるのにより効果的です。

1

側面

正面

2

3

特設サイトを活用しよう!

本書でご紹介する上達法を実践していただくために、
動画等を掲載した特設サイトを開設しました。
下記のQRコードを読み取ってアクセスしてください。

QRコードが読み取れない場合には、
下記のサイトにアクセスしてください。

https://bluebacks.kodansha.co.jp/books/9784065356791/appendix/

(QRコードは㈱デンソーウェーブの登録商標です)

N.D.C.783　126p　26cm

エイジシュート達成を目指せ！

〈50歳からの〉科学的ゴルフ上達法

2024年4月23日 第1刷発行

著　者　板橋　繁
発行者　森田浩章
発行所　株式会社講談社
KODANSHA
〒112-8001　東京都文京区音羽2-12-21
電　話　出版　03-5395-3524
販売　03-5395-4415
業務　03-5395-3615
印刷所　株式会社新藤慶昌堂
製本所　大口製本印刷株式会社

定価はカバーに表示してあります。

© 板橋 繁 2024, Printed in Japan
落丁本・乱丁本は購入書店名を明記のうえ、小社業務宛にお送りください。送料小社負担にてお取替えします。なお、この本についてのお問い合わせは、ブルーバックス宛にお願いいたします。

本書のコピー、スキャン、デジタル化等の無断複製は著作権法上での例外を除き禁じられています。本書を代行業者等の第三者に依頼してスキャンやデジタル化することはたとえ個人や家庭内の利用でも著作権法違反です。

Ⓡ〈日本複製権センター委託出版物〉複写を希望される場合は、日本複製権センター（電話03-6809-1281）にご連絡ください。


ISBN978-4-06-535679-1